서울 교과서

한강

두물머리

한강은 남한강과 북한강, 두 물줄기가 한데 모여 서해로 흘러가는 긴 강이야. 강원도와 충청도, 경기도 그리고 서울 한가운데를 가로지르는 한강은 북한에서 내려온 임진강과 만나 바다에 다다르지. 아주 오랜 옛날부터 많은 사람들이 한강에서 살아왔어. 지리적으로나 역사적으로 중요한 곳이기 때문이야. 한강은 우리 겨레와 기쁜 일 슬픈 일을 함께하며 흘러왔어. 남한강과 북한강이 하나로 합쳐져 흐르듯 남과 북이 하나 될 수 있는 평화의 물길이 열렸으면 해. 한강에 새겨진 역사와 문화를 따라가며 평화로운 미래를 함께 꿈꿔 보자!

이 도서의 국립중앙도서관 출판시도서목록(CIP)은 e-CIP 홈페이지(http://www.nl.go.kr/ecip)에서 이용하실 수 있습니다. (CIP제어번호: CIP2009002241)

서울 교과서

한강

서울 당산초등학교 어린이들·배성호·박형근 글
채원경 그림

친구들에게

한강은 강원도에서 출발해 충청도와 경기도, 그리고 서울 한가운데를 가로지르며 서해로 흘러가는 커다란 강이야. 아주 넓은 지역을 흐를 뿐 아니라 오랜 역사를 지니고 있어. 가까이 조선시대로부터 고려시대, 고구려, 백제, 신라의 삼국시대, 그리고 역사를 기록할 수 없던 아주 먼 옛날까지 한강에는 많은 사람들이 살았다고 해. 특히 한강은 우리나라가 한국전쟁의 상처를 딛고 지금처럼 우뚝 일어섰다는 것을 온 세계 사람들에게 알려 준 강이기도 해.

우리는 한강을 책이나 인터넷 자료로만 볼 것이 아니라 친구들과 직접 찾아가 체험해 보기로 했어. 한강 둔치에서 뛰어놀고, 유람선도 타고, 사람들에게 인터뷰도 하며 한강을 직접 발로 건너 보았지. 선유도, 노들섬, 한강 둔치, 한강시민공원, 몽촌 역사관, 기적의 수중다리, 서울 역사박물관에서

특별한 경험을 할 수 있었고, 더불어 즐거운 추억을 만들며 한강에 한발 더 가까이 갈 수 있었어. 한강이 서해로 흘러드는 곳에 가서 평화의 배를 타고 가깝고도 먼 북한 땅까지 두루 살펴본 친구들도 있었어.

한강과 함께하며 우리는 한강이 역사도 깊고, 우리에게 매우 소중하다는 것을 알았어. 체험의 과정을 선생님과 학생들이 함께 기록하고 정리해 뜻 깊었지. 우리의 노력으로 책으로 만들면서 한강이 아름답게 잘 보존되어 미래에도 우리나라를 대표하는 평화와 희망의 물줄기가 되기를 바랐어.

이 글을 읽는 친구들도 한강의 역사와 문화, 생태환경 이야기 등에 귀 기울이며 즐거운 여행에 동참하면 좋겠어. 그럼 이제 한강을 따라 여행을 떠나 볼까?

안녕? 나는 당산초등학교에 다니는 김동환이야.
우리 반 친구들이 열심히 조사하고 정성을 쏟아 한강에 대해 많이 알게 되었어. 그래서 더 많은 친구들과 함께 나누고 싶어. 나는 이 책을 만들면서 한강의 소중함을 많이 느꼈어. 그래서 앞으로 많은 사람들이 한강에 관심을 가지게 되길 바라고 있어. 세계 여러 나라 사람들도 함께 한강의 아름다움에 관심을 가졌으면 해. 이 책이 초등학교 친구들뿐 아니라 한강에 관심을 가진 많은 사람들에게 잘 활용되었으면 좋겠어.

안녕? 나는 박정현이고, 초등학생이야.
이 책은 인터뷰도 하고, 컴퓨터랑 책을 보며 조사하고, 한강 구석구석을 돌며 만들었어. 힘들 때도 있었으나, 그만큼 얻은 것도 많고 느낀 것도 많아. 한강은 우리나라의 대표적인 강이고, 많은 생물이 서식하고 있으며, 매우 중요한 역할을 하고 있어. 그런데 요즘에는 환경오염으로 물고기들이 죽고, 새들마저 하나둘 사라지고 있어. 한강에는 열목어, 어름치, 황소가리 등 3종의 천연기념물이 있는데, 이들도 하루하루 사라져 가고 있어. 친구들이 이 책을 읽고 한강에 대한 관심이 많아져서 한강을 더 잘 알았으면 좋겠어. 그래서 한강을 더 사랑할 수 있었으면 좋겠어.

한강의 공원들을 산책하며 아름답던 옛 강변 마을을 상상해 본 적 있어? 느릿느릿 걷다 보면 햇빛으로 반짝이는 강물이 눈을 간질이곤 해. 마음이 넉넉해지지. 우리 가까이 아름다운 한강이 있어도 별 관심 없이 지내온 것 같아. 한강은 한반도의 젖줄이자 우리 민족의 역사가 숨 쉬고 있는 곳이야. 또 시민들의 복합 문화 공간으로서 그 역할을 톡톡히 하고 있어. 이 책은 한강의 곳곳을 찾아가서 어린이들이 직접 사진도 찍고, 일기도 쓰고, 그림도 그리며 만들었어. 한강 체험 학습을 통해 만든 책이니만큼 더욱 쉽고 재미있을 거야.

차례

옛날 옛날에 한강은

- 한강에는 언제부터 사람이 살았을까? - 선사시대 17
  한강의 어제와 오늘, 한강 백사장 20

- 한강을 사수하라! - 삼국시대 22

- 광흥창과 투금탄 - 고려시대 29

- 옛 지도로 본 한강 - 조선시대 33

- 새우젓 장수와 황포돛배 - 조선시대 41

- 배다리와 반차도 - 조선시대 48
  아픈 역사 54

- 한강은 흐른다 - 현대 58
  평화의 배를 함께 타고 64

한강에서 놀자

- 특별한 나의 하루 선유도공원 69

- 특별한 나의 하루 여의도 샛강생태공원 79

- 특별한 나의 하루 월드컵공원 87

- 특별한 나의 하루 뚝섬, 서울숲 93

- 특별한 나의 하루 청계천 109

- 특별한 나의 하루 암사동 선사주거지, 몽촌토성 121

열린 우리 한강 이야기

- 홍수를 막기 위한 노력 137

- 숲과 물의 만남, 녹색댐 145
  뭐, 한강에 괴물이 살고 있다고?! 148

- 내일의 청계천 152

- 자연의 기적, 밤섬 155
  한강르네상스 158

- 생명을 살리는 방생이 한강도 살릴 수 있도록 162

- 한강의 물고기길 165

옛날 옛날에 한강은

한강의 시작과 끝

한강 근처나 한강 공원에 가면 가끔 이런 생각이 들어. 한강의 시작과 끝은 어디일까? 생각해 본 적 있지? 미처 생각 못했다면 지금이라도 알아보자.

한강은 검룡소에서 시작해. 검룡소는 강원도 태백시 창죽동 금대봉골에 있어. 둘레 20여 미터에 깊이를 알 수 없으나, 석회로 된 큰 돌을 뚫고 올라오는 지하수가 하루에 5천여 톤이나 된다고 해. 상상할 수 있겠어? 또 오랜 세월 동안 흐른 물에 깊이 1~1.5미터 넓이 1~2미터의 암반이 구불구불 패여 있어. 이 석회암반으로 물이 흐르는데, 용트림을 하는 것 같아. 검룡이 살았다는 전설이 전해 내려와 검룡소라고 해. 그렇다면 한강의 끝은 어디일까?

한강은 보구곶리에서 끝이 나. 한강은 김포시 월곶면 보구곶리 앞까지 흐르는데, 거기서 임진강과 만나. 이곳에서부터 서해에 이르기까지를 할아버지의 강, 조상의 강이란 뜻으로 '조강'이라고 불렀어. 하지만 우리나라가 남과 북으로 갈라지고부터 조강이란 이름은 점차 잊혀지고 지금은 한강과 임진강이 서해에서 만나는 곳을 한강의 하구로 보고 있어.

—서울 당산초등학교 6학년 5반 원동욱

한강에는 언제부터 사람이 살았을까?

선사시대

아주 먼 옛날 사람들은 어디에서 살았을까? 지금으로부터 6,000여 년 전, 사람들은 농사를 짓거나 가축을 기르지 않고 먹을 것을 찾아다니며 살았어. 그래서 물고기나 조개 같은 식량을 쉽게 구할 수 있는 강가에 터를 잡았어. 그런 사실은 1925년의 홍수로 알 수 있었어. 홍수로 서울 암사동 땅속에 묻혀 있던 아주 오래된 집터가 발견되었거든. 집 바닥에는 습기와 냉기를 막으려고 흙을 다지고 동물 가죽이나 짚을 깔았던 흔적이 있었어. 방 한가운데에는 돌을 놓고 불을 피운 흔적도 있었어. 햇볕 잘 드는 곳에 문을 내고 계단이나 경사를 두어 드나들기 편하게 만들었어. 이런 집이 15~20채 몰려 있어 사람들이 함께 살았다는 것을 알 수 있었어. 역사가 시작되기 전에, 아주 오래전에 살았다고 해서 암사동 선사유적지라고 해.

강과 함께 시작된 인류의 삶

메소포타미아, 이집트, 인도 서북부, 중국 북부 지역을 문명의 발상지라고 해. 원시의 자연 그대로가 아니라 사람들의 지혜로 발전한 사회를 문명사회라고 해. 이들 지역은 기후가 따뜻하고 농사를 짓기에 알맞도록 땅이 기름지고 교통이 편리했어. 큰 강이 있었기 때문이야. 메소포타미아 지역은 지금의 이라크 근처로 티그리스와 유프라테스 강이 있어. 이집트에는 나일강, 인도에는 인더스강, 중국에는 황허강이 있어. 이들 지역은 큰 강 덕분에 물 걱정 없이 농사를 지을 수 있었고, 강을 통해 이동이 쉬워지면서 상업이 발달했어. 많은 사람들이 모여 살게 되었고, 사람들이 모여 서로의 지혜를 모아 나가는 과정에서 기술과 문화가 점점 발달했지. 그래서 4대 문명의 발상지라 불리게 된 거야.

서울의 문화 중심, 서울역사박물관

서울역사박물관은 서울의 역사와 전통 문화를 정리해 보여 줌으로써 서울 시민 및 서울을 찾는 내외국인들에게 서울의 문화를 느끼고 체험할 기회를 주고자 해.

서울 역사박물관의 마크는 조선의 수도 '서울'의 이미지를, 시·공간성과 도시성이라는 상징을 담아 600년 서울의 역사와 문화를 현대적으로 표현했어. 처음의 'ㅅ'은 서울의 산을, 사이의 반호는 4대문과 도성의 이미지를, 그리고 마지막으로 서울의 한강과 그 터전에 자리 잡고 있는 서울역사박물관을 상징적으로 표현했어. 양쪽으로 뻗은 선은 서울의 유구한 역사를 의미한다고 해. 적색을 사용해 전통과 현대의 역사와 문화가 함께하는 곳으로 활기 넘치는 문화 중심지를 상징해. 〈석보상절〉의 서체를 집자해 현대 감각으로 재조합, 한글 로고 타입을 만들었어.

한강의 어제와 오늘
한강 백사장

1960년대까지만 해도 서울 시민들은 한강에서 헤엄치고 모래찜질하며 여름휴가를 즐겼다고 해. 할아버지나 할머니에게 한번 물어봐. 사진은 1차한강개발이 시작된 1966년 여름 한강대교와 노들섬 근처의 백사장에서 피서 중인 사람들의 모습을 담은 거래.

한강에서 어린 시절을 보낸 어른들은 '40년 전의 한강'을 추억하고 있을 거야. 기록에 의하면 지금의 동부 이촌동 앞(한강 백사장), 여의도·밤섬 사이(여의도 백사장), 뚝섬 앞 저자도, 압구정동 앞(사평리 백사장), 잠실·부리섬(잠실 백사장), 난지도 등 서울 한강가에는 무지무지 큰 백사장들이 있었다고 해. 여의도 백사장과 잠실 백사장은 200만 평이 넘었어. 하지만 두 차례 한강 개발로 백사장들은 모두 사라지고, 1차 한강개발로 여의도 87만 평, 잠실 75만 평 등 200만 평 이상의 백사장이 육지로 바뀌었어. 1980년대 2차 한강개발 때 흙과 모래를 채취하고 잠실·신곡 수중보를 설치하느라 남아 있던 백사장마저 한강 속으로 사라졌어.

한강 개발로 만들어진 땅 위에는 건물이 들어서고, 한강에서 퍼낸 모래와 흙으로 경제적 효과를 보았다고 해. 그런데 한강의 물길을 바꾸고 한강 주변에 있는 섬들을 육지로 만들고 나자 한강에 살던 동식물들이 살 수 없게 되었어. 지금 당장 눈에 보이는 경제적 효과는 있었을지 몰라도 한강의 동물과 식물을 다시 볼 수 없었어. 한강이 주변 환경과 어우러져 건강하고 행복하게 흐를 수 있었으면 좋겠어.

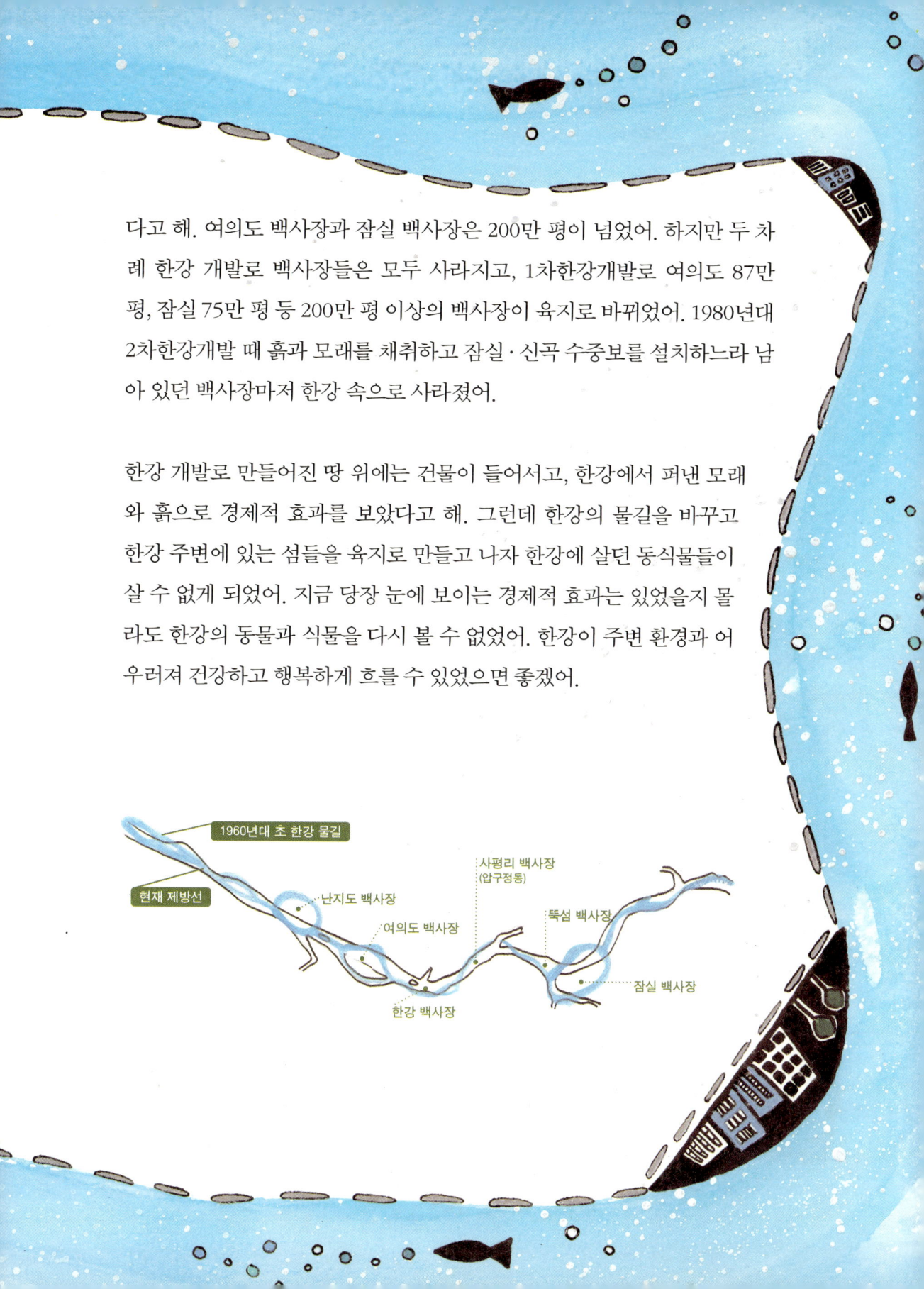

한강을 사수하라!
삼국시대

한강은 삼국시대에도 중요한 땅이었어. 그래서 한강을 차지하고 이를 기념하기 위해 비석을 세웠다고 해.

나라의 중심을 알려 준 중원고구려비
빨래판이 알고 보니 나라의 보물
1979년 충주 입석 마을 어귀에서 비석이 발견되었어. 오랜 세월이 흐르기도 했지만 마을 사람들이 비석을 우물가의 빨래판으로 사용해 비석에 새겨진 글씨를 알아보기가 매우 어려웠다고 해. 다행히 이 지역에 관심을 가진 사람들이 비석에 새겨진 글자를 하나둘 풀자 비석의 가치를 알 수 있었어.

5, 6세기 한강 쟁탈전

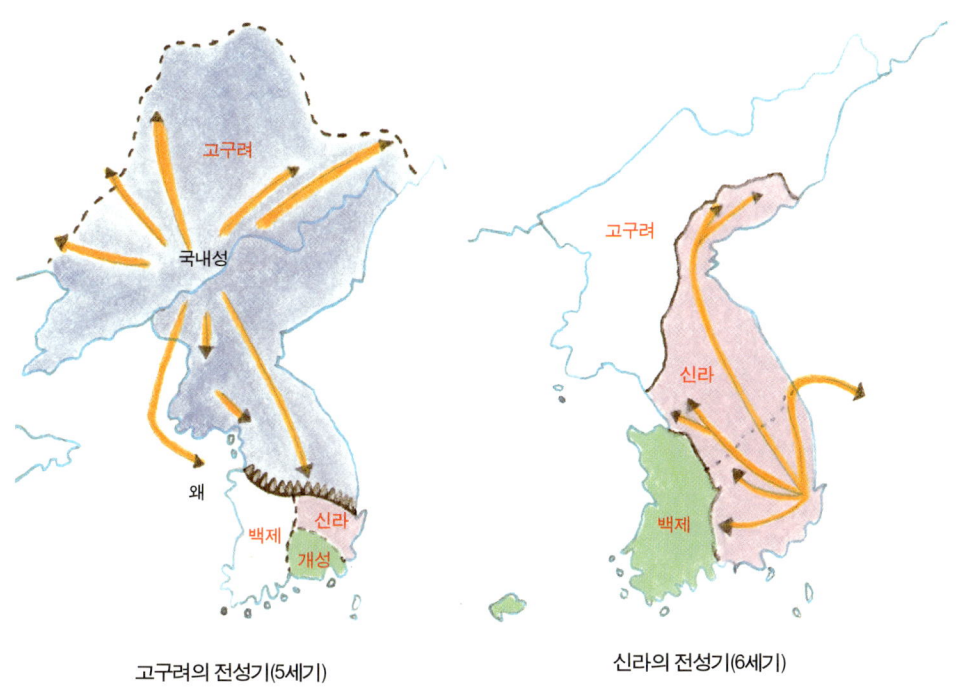

고구려의 전성기(5세기)　　　신라의 전성기(6세기)

중원고구려비는 장수왕이 남한강 유역의 여러 성을 공략하고 세운 기념비라 추정하고 있어. 돌기둥 모양의 자연석을 이용해 4면에 모두 글을 새겼는데, 그 형태가 중국 집안현에 있는 광개토대왕비와 비슷해. 고구려가 백제의 수도 한성을 함락하고 한반도의 중부 지역을 장악해 충주 지역까지 영토가 확장되었음을 말해 주고 있어. 5세기 고구려와 신라, 백제 삼국의 관계를 밝히는 사료이며 우리나라에 있는 고구려비로는 중원고구려비 하나뿐이라 나라의 보물(국보 제205호)로 지정되었어.

왜 충주에 있을까?

충주는 더운 곳으로 사과, 담배 등의 재배지야. 명승지로 탄금대, 충렬사, 남산성지가 있어. 1995년 행정구역 개편 때 중원군을 통합해 도시와 농촌 복합의 시를 이루었어. 오대산에서 시작되는 남한강과 속리산에서 시작되는 달천이 만나 기름진 평야를 이루며 또 국내 3대 철 생산지 중 하나라 백제, 고구려, 신라가 충주를 차지하려고 경쟁을 벌였어. 덕분에 1,500여 년 동안 면면히 이어진 삼국 문화의 자취를 여기저기서 발견할 수 있지.

충주 지역 영토 쟁탈전   중원고구려비

중원고구려비 일화

충주는 마한의 영토였는데, 5세기 고구려의 남하정책으로 고구려 땅이 되었어. 장수왕 때는 '나라의 근본이 되는 땅'이란 뜻으로 국원성이라 칭하고 충주를 제2의 수도로 삼았어. 고구려는 충주를 남방 진출의 전진기지로 삼고 이를 기념하기 위해 문자왕 때 '중원고구려비'를 세웠어. 1979년 중원고구려비가 발견되기 전까지 역사학자들은 충주를 백제와 신라의 접경지로만 여겼지, 고구려가 차지했던 사실은 알지 못했어. 고구려비에는 신라와 형제 관계를 맺은 사실, 신라의 왕과 신하들에게 잔치를 베풀고 의복 등을 하사한 일이 기록되어 있어.

중원고구려비는 극적으로 발견되었어. 아마추어 사학자들이 충주 지역을 답사하다 가금면 용전리 입석 마을에서 우연히 발견했지. 마을 제사 때 제수를 올려놓거나 쉼터 등으로 이용하던 평범한 돌이 하루아침에 국보로 밝혀지면서 담당 공무원이 그 날 밤부터 24시간 경비를 서는 웃지 못할 광경이 연출되었다고 해.

곳곳에 자리 잡은 유적들

중원탑평리7층석탑

중원고구려비에서 조금 더 가면 중원탑평리7층석탑(국보 제6호)을 볼 수 있어. 통일신라 때 국토의 최남단과 최북단에서 동시에 말을 달려 중간이 되는 지점에 탑을 세웠다고 해서 흔히 '중앙탑'이라 불러. 중앙탑은 남한강의 잦은 범람으로 주변 땅이 침식당하는 바람에 상대적으로 5미터쯤 높아져 마치 흙을 쌓고, 그 위에 건립한 것처럼 보여. 높이는 12.9미터지만 올려다보면 하늘과 맞닿은 듯 커보여. 남아 있는 신라탑으로는 가장 높은 탑이야.

복원 중인 장미산성

중앙탑에서 북쪽으로 조금 더 가면 장미산성(사적 제400호)에 닿아. 고구려 때 장미, 보련 남매가 성 쌓기 경쟁을 했다고 하는데, 남동생 장미가 성을 쌓던 곳이 장미산이고, 그 성이 장미산성이야. 고구려의 산성으로 알고 있었으나 발굴 결과 4세기에서 5세기 무렵의 백제 산성으로 판명되었어. 장미산성은 백제 남방경영의 주요 기지로, 이 시기 삼국의 세력 관계를 알 수 있어. 길이가 2킬로미터가 넘지만 대부분 무너져 내려 복원 작업 중이야. 잔해를 통해 산성을 살펴보면 하나의 돌을 중심으로 상하좌우 6개의 돌을 쌓은 '6각 구조'를 하고 있지. 성을 견고하게 쌓기 위한 전형적인 고구려 양식이라고 해. 산성에서 시내를 내려다보면 충주의 너른 평야와 유유히 흐르는 남한강 등이 한눈에 들어와. 선조들이 충주를 '중원'이라고 칭한 이유를 짐작할 수 있겠어.

왜 순수비일까?

북한산진흥왕순수비(국보 제3호)라고 들어 본 적 있어? 비석은 어떤 사실을 여러 사람들에게 알리기 위한 것인데, 돌에 기록을 남기면 오래 보존하고 기념할 수 있었어. 북한산진흥왕순수비라고 하면 비석이 놓인 곳이 서울에 있는 북한산이라는 것을 알 수 있겠지? 또 비석을 세운 사람이 진흥왕이라는 것도. 순수란 '왕이 나라 곳곳을 살피며 돌아다닌다'는 뜻이야. 돌 순(巡)에 순행할 수(狩) 자를 써.

진흥왕은 왜 북한산 높은 봉우리에 이 비석을 세웠을까? 백제, 고구려, 신라는 한강을 차지하기 위해 무척이나 애를 썼어. 결국 진흥왕이 한강 유역을 차지하고 나서 신라는 삼국을 통일하고 통일신라를 세울 수 있었다고 해. 그러니까 신라가 고구려와 백제를 물리치고 한강 유역을 차지한 것을 기념하기 위해 비석을 세운 거야. 한강은 옛날부터 중요한 지역으로 우리 겨레에게 자리매김해 온 거지.
북한산순수비는 오랜 세월 비바람에 훼손된 데

북한산순수비

다 한국전쟁 때 곳곳에 총탄을 맞았다고 해. 그래서 진짜 비석은 국립중앙박물관에 두고, 북한산 비봉 정상에는 복제품을 세워 두었어. 정확한 이름은 북한산신라진흥왕순수비야.

광흥창과 투금탄

고려시대

광흥창과 공민왕 신당

마포구에 있는 광흥창에서는 해마다 공민왕을 기리는 행사를 해. 광흥창은 조선시대 한강 물길을 따라 조선 각지의 쌀과 곡식을 보관하던 대형 창고야. 서울 마포구에서는 공민왕 사당을 문화재로 지정하고, 이 행사를 지역의 주요 제례행사로 발전시키려고 제례의 기구와 복식, 절차 등을 지원해 왔어. 18세기 후반에 지어진 것으로 추정되는 공민왕 사당은 지난해 문화관광부에 의해 '근대건축문화재'로 지정되었어.

지하철 6호선 광흥창역은 이곳에 조선시대 조정의 곡식 창고인 광흥창이 있었다는 사실 때문에 그 이름이 붙은 거야. 광흥창은 마포 서강나루를 통

공민왕 신당제

해 경기와 삼남 지역의 세곡(세금으로 내던 곡식)을 보관하던 조선시대 물류의 중심지, 마포의 상징적 존재야. 태창이라고도 하는데 광흥창에서는 전국 각지에서 들어오는 세곡을 보관하고 있다가 이조와 병조에서 작성한 봉급 조서에 따라 관리들에게 봉록미를 지급했어. 약 500년간 존속된 유서 깊은 창고야. 광흥창역 1번 출구에서 아파트 숲 사이사이 골목길을 따라 와우산 자락으로 30미터쯤 가다 보면 아름드리 나무가 줄지어 선 작은 공터에, 이곳이 옛 광흥창 터였다는 표석이 있어.

마포의 수호신, 공민왕

광흥창 터 뒤쪽에는 '공민왕 신당'이 있어. 고려 말 공민왕의 영정을 모시고 제사 지내는 신당으로, 이와 관련된 이야기가 전해 내려와.

조선 초 이곳 일대에 광흥창을 지으려고 할 때 공민왕이 동네 노인의 꿈에 나타나, '이곳은 전에 내가 자주 찾던 곳이니 당을 짓고 해마다 제사를 지내면 모든 일이 순조롭게 풀릴 것이나 만일 이를 실천하지 못하면 화가 있을 것이다'라고 했다나. 노인이 꿈에서 깨어 그 자리에 가 보니 바위 밑에 공민왕 부부를 그린 영정이 있었다고 해. 그 뜻에 따라 신당을 짓고 매년 10월 초하루에 제사를 지냈어. 공민왕 신당제는 마포 서강에 있던 조선시대 곡물 창고 광흥창의 수호신 공민왕을 모시는 제례로 600여 년 전부터 치러 오던 민간 행사야.

황금을 던져 버린 형제

고려 공민왕 때 우애 좋은 형제가 있었어. 어느 날 형제가 길을 가다 아우가 황금 두 덩이를 주워 하나를 형에게 주었어. 함께 배를 타고 가다 아우가 갑자기 금을 물속에 던져 버렸대. 형이 이상히 여겨서 물으니, "제가 평소에 형님을 독실하게 우애하였는데, 금을 나누어 가진 다음에는 형님을 꺼리는 마음이 생깁니다. 이것은 상서롭지 못한 물건이니, 강에 던져서 잊어버리는 것이 낫겠습니다"라고 대답했어. 그러자 형 또한 "네 말이 참으로 옳다"며 금을 물에 던졌다고 해. 이 이야기는 《동국여지승람》에 실려 있어. 난지도 앞 한강을 나룻배로 건너던 형제 이야기야. 황금으로 인해 형제간의 우

광흥창 지역 옛 조운 경로

애가 상하느니 차라리 황금을 없애 버린 두 형제를 어떻게 생각해?

그런데 투금탄이라니, 뭘까? 형제 둘이 황금을 던진 한강 여울을 투금탄이라고 해. 여울은 강이나 바다의 바닥이 얕거나 좁아 물살이 세게 흐르는 곳을 말해. 한자로 탄(灘)이라고 해. 그러니까 '황금을 던진 여울'이라고 불러도 좋을 것 같아.

옛 지도로 본 한강
조선시대

지도로 보는 '서울_한강'

조선시대에 만들어진 지도를 자세히 보면 당시 서울의 자연환경과 주요 건축물을 확인할 수 있어. 지도에 표시되는 위치를 보면 사람들이 중요하게 여기는 것이 무엇인지 알 수 있지. 중요한 것은 한가운데에 놓이니까. 조선시대 지도

현재 서울 지도

들의 한가운데에 무엇이 있었을까? 그래, 궁궐이 있었어. 조선시대의 서울은 주로 4대문 안 도성을 가리켰거든. 도성 밖은 서울로 생각하지 않았

어. 그렇다면 한강은 어디 있을까? 한강은 지도 맨 아래에 있어. 지금 서울 지도와는 많이 다르지? 오늘날의 서울 지도를 보면 한강은 지도의 한가운데 있어. 오늘날의 지도와 옛 지도에는 어떤 차이가 있을까? 옛 지도에는 산과 강의 흐름이 고스란히 살아 있네? 색까지 칠해 마치 그림을 보는 것 같아. 오늘날의 지도는 학교나 산을 기호로 나타내 짜임새 있게 지역을 표시하고 있어. 옛 지도에 사람들의 관심이 점점 늘고 있어. 옛 지도는 산과 물길이 그대로 드러나는 등 환경을 아우르면서 이해할 수 있는 지혜가 담겨 있기 때문이야.

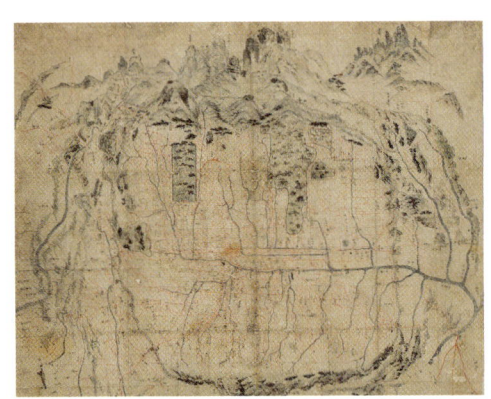

도성도

수성전도

서울의 이름들

서울은 여러 개의 이름을 가지고 있었어. 우선 수도의 위상을 드러내는 공식 이름은 '한성부'야. 그 밖에 수도라는 뜻의 '경도', 성곽으로 둘러싸인 특별한 도시라는 뜻의 '도성', 여러 지방 가운데 으뜸가는 도시라고 '도읍', 천하의 모범이라는 뜻의 '수선' 등으로 다양하게 불렸어. 중국식으로 '경조'라는 이름도 썼어.

강남과 강북

서울을 이야기할 때 한강을 기준으로 위쪽을 강북이라고 하고 아래쪽을 강남이라고 해. 그런데 옛날에 강남은 서울이 아니었어. 처음에 서울은 조선 시대의 동서남북을 가리키는 동대문, 서대문 등 사대문 안 지역에서 출발했거든. 당시 이름은 한양이었어. 이후 서울에 점점 많은 사람들이 모여들면서 오늘날처럼 커진 거야.

강남에 영동이라는 곳이 있는데, 영등포의 동쪽에 있어서 붙여진 이름이라고 해. 강남은 1960년대만 하더라도 버스와 전화가 없는 한적한 시골 동네였는데, 사람들이 서울로 몰려들자 공간을 넓혀 지금과 같이 큰 동네가 되었어. 지금 강남과 강북에는 적지 않은 차이가 있어. 강북은 예전에 서울을 대표하던 곳이었지만 지금은 강남이 더 주목을 받고 있어. 여기서 강남은 한강 아래쪽 전체를 뜻하기보다 서초구, 강남구, 송파구 등의 지역을 말해. 도시를 계획적으로 만들었기 때문에 교통 여건이 좋고 살기가 편해. 하지

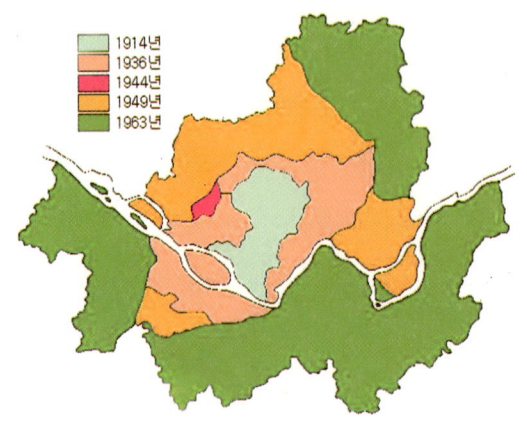

서울의 확장
17세기 그림지도로, 조선시대의 서울은 4대문 안쪽의 지역에 한정되었어. 그러나 일제강점기를 거치면서 일제의 개발정책, 인구 증가 등으로 서울의 영역이 점차 넓어졌어. 강제 병합 이후 일제는 '한양', '한성'이라는 전통적인 이름 대신 일본식 말로 '경성'이라는 이름을 붙였어. 서울을 일본제국의 한 도시로 만들려는 의도였지. 그리고 서울의 행정구역을 개편해 전통적인 '동'과 '로' 대신 일본식 명칭인 '정'과 '통'을 사용하기 시작했어.

만 최근 강남과 강북이 골고루 잘살 수 있도록 환경을 조성하려고 노력하고 있어. 그래서 미래의 서울은 또 다른 모습으로 자리매김하게 될 거야.

한강과 관련된 지하철역

수도권 지하철 노선도야. 처음에는 지하철 1호선만 있다가 지금은 8호선에 분당선과 인천 지하철까지 있어. 지하철 노선도를 가만히 살펴보면 한가운데에는 한강이 흐르고 있어. 수도권 지하철 노선도가 한강을 중심으로 그려졌다는 걸 알 수 있어. 지하철 노선도를 보면 한강과 관련된 역 이름이 많아. '나루'라는 이름을 지닌 역이 있고 '진'과 '포' 자가 들어 있는 이름이 있어. 여의나루, 광나루, 노량진, 마포 이외에도 한강과 관련된 역 이름이 많아. 역 이름을 찾아보며 한강에서 살아온 사람들의 역사를 되짚어 봐도 좋을 거야.

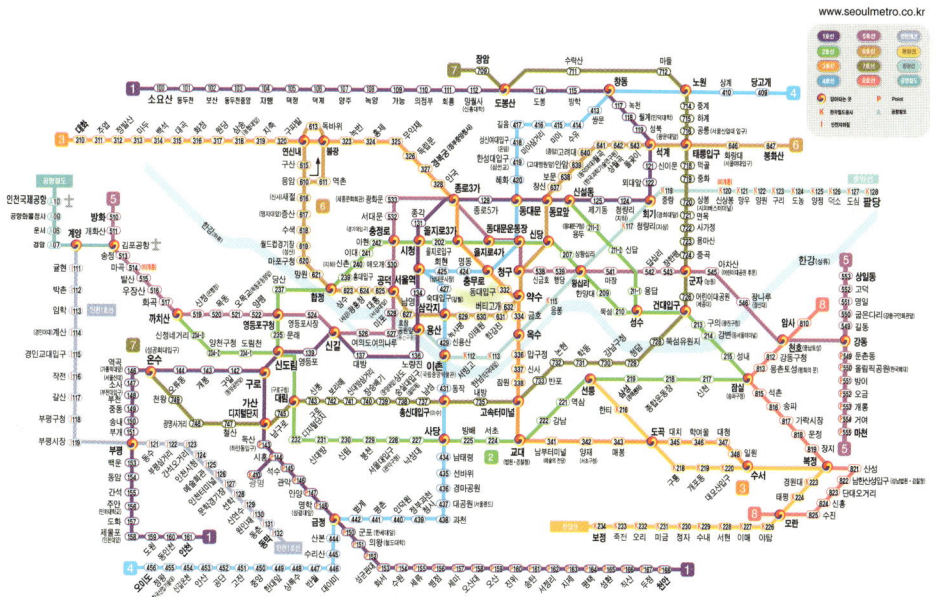

얼음 곳간 동네

한강 근처에 서빙고동과 동빙고동이 있어. 빙고는 얼음 빙(氷) 자와 창고 고(庫) 자가 합해져 얼음 곳간의 뜻을 가지고 있지. 빙고는 조상들의 지혜와 슬기로 만들어졌어. 지금은 냉장고가 있으니까 계절에 상관없이 아무 때나 아이스크림이나 얼음을 먹을 수 있지만 조선시대나 그보다 더 옛날에는 여름철에 얼음을 구하기 어려웠어. 그래서 추운 겨울에 얼음을 잘 보관했다가 여름에 귀하게 썼다고 해. 동빙고와 서빙고는 추운 겨울 한강의 얼음을 잘라 내어 보관하던 얼음 곳간의 이름이야.

서빙고는 1396년(태조5)에 설치된 예조 소속 얼음 곳간으로서 동빙고보다 규모가 컸으며, 겨울이 따뜻해 한강이 얼지 않을 때에는 산 계곡에서 얼음을 채취해 이곳에 저장했어. 서빙고가 있던 자리는 현재 서빙고초등학교와 서빙고파출소 일대야. 동빙고는 얼음의 보존과 그 출납을 맡아 보던 관청이야. 1396년에 설치해 예조에 속하는 아문으로 두었어. 한강 연안 두모포에 자리해 제사용 얼음을 관리하였는데, 한강 가에는 아직도 동빙고동의 이름이 전하고 있어. 동·서빙고는 1894년(고종 31)에 폐지되었다고 해.

조선시대 얼음 장수

여름철에는 얼음이 매우 귀했어. 양반이라면 몰라도 일반 백성은 여름에 얼음을 구경하기도 어려웠지. 한겨울 한강이 얼 때 얼음을 잘라 서빙고와 동빙고에 보관했다가 여름에 꺼내 왕실에서 무더위를 식혔어. 왕실에서는 벼슬이 높은 관리들에게 상으로 얼음을 나눠 주기도 했어. 조선 성종 임금 때 얼음을 나눠 주는 빙고제도가 신하들에게 환영을 받았다고 해. 그런데 조선 초기에는 가난한 양반들이 꽤 많았어. 그래서 왕실에서 얼음을 나눠 주는 것은 좋았지만 서빙고까지 가서 얼음을 집으로 운반하는 것이 문제였어. 당시 얼음을 지급할 때는 패를 나눠 주어 이것을 가지고 서빙고에 가서 얼음을 받도록 했는데, 하인이 없는 대신들은 얼음 패를 묵힐 수밖에 없었지. 이때 눈치 빠른 사람들이 가난한 대신들 집에서 묵혀 둔 얼음 수령 패를 얻어다 얼음을 받은 후 도성 내에서 비싸게 팔았다고 해. 조선시대에 이미 얼음 장수가 있었던 거야.

외국 관광객을 위한 서울 지도와 한강

이제 외국 관광객을 위한 서울 지도를 살펴볼까? 이 지도에서도 역시 한강이 가장 먼저 눈에 들어와. 한강이 지도의 한가운데를 가로지르며 흐르고 있어. 조선의 옛 지도와 다르지?

외국인 관광객을 위한 서울 지도

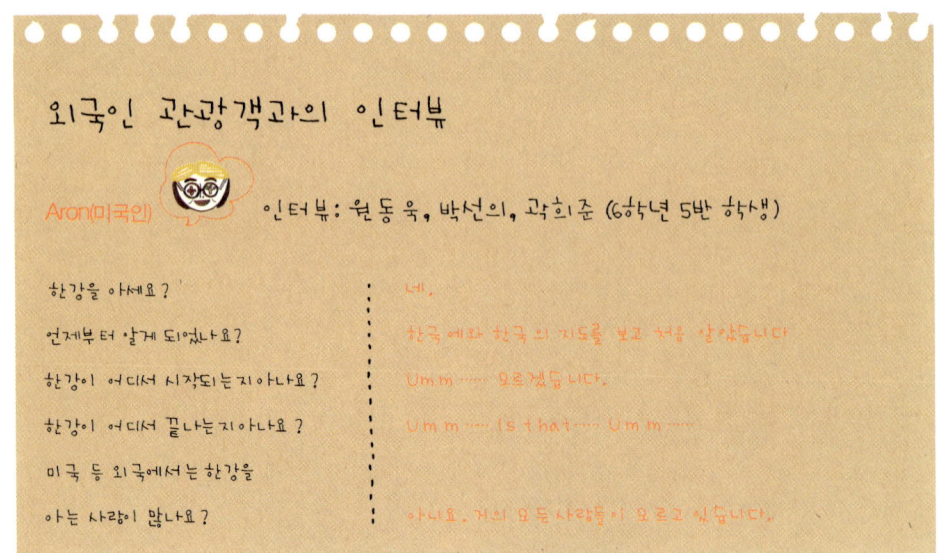

새우젓 장수와 황포돛배

조선시대

나루터와 상인들

서울이 상업 도시로 성장한 데에는 한강의 역할이 컸어. 한강의 물줄기를 따라 서울을 중심으로 나루들이 자리했기 때문이야. 나루에 배를 대고, 사람들은 강을 건너 다니고, 상인들은 물건을 사고팔았어. 한강 상류에서 보낸 물자가 도착하는 곳은 용산, 마포, 뚝섬, 송파 등이었어 이곳 강변의 낮은 지역에는 초가집이 많았고, 뒤편 높은 지역에는 규모가 큰 기와집들이 있었다

김홍도 〈나룻배〉

고 해. 대부분 객주나 여각이었어. 마포, 서강, 양화 일대에는 일찍이 뱃사람들이 모여들어 선촌을 형성했어.

'삼개'라는 우리말로 불리던 마포는 조선 후기에 한강에서 가장 번성했던 포구였어. 마포 새우젓 장수니 마포 사는 황부자니 하는 말이 널리 쓰였던 것도 이곳으로 생선과 젓갈을 실은 배들이 끊임없이 드나들었기 때문이야. 두모포는 지금의 성동구 옥수동 옥정초등학교 일대의 낮은 지역으로 고추, 마늘, 감자, 고구마 같은 농산물과 목재, 장작이 모여들던 곳이야. 뚝섬은

한강 상류에서 내려오는 건축 목재가 모이는 곳이었어. 그래서 장작과 숯이 주로 거래되기도 했지. 뚝섬에서는 대궐에 바치기 위해 채소나 곡식 등을 키우기도 했다고 해.

1940년대 중반까지 서울 사람들은 얼굴만 보고도 그 사람이 어디에 사는지 금방 알았다고 해. 목덜미가 까맣게 탄 사람은 왕십리 미나리 장수고, 얼굴이 까맣게 탄 사람은 마포 새우젓 장수라는 거야. 미나리 장수는 아침에 왕십리에서 도성 쪽으로 미나리를 팔러 오니까 햇빛을 등지고 와 목덜미가 까맣게 탔어. 반대로 새우젓 장수는 아침에 마포에서 도성 쪽으로 새우젓을 팔러 오니까 햇빛을 앞으로 받아서 얼굴이 새까맣게 그을린 거야.

황포돛배

1930년대까지 소금과 새우젓을 싣고 서울 마포나루와 충북 괴산을 오갔던 소금배가 70여 년 만에 괴산군 불정면 목도강에서 재현됐다. 소금을 실은 황포돛배를 띄웠다. 길이 19.91m, 폭 2.88m, 높이 0.96m 크기의 이 배는 거친 광목을 바느질로 연결해 만든 황포와 기다란 노가 추진력의 전부지만 4명의 사공이 노를 젓자 서서히 움직이기 시작했다. 황포돛배는 육로교통수단이 발달하지 않았던 조선시대부터 1930년대까지 서울의 생필품과 충청도의 특산물을 실어 나르는 중요한 운송수단이었다. 물물교환 품목은 소금과 새우젓, 젓갈, 고추, 콩, 참깨 등이었다. 사공들은 수량이 적은 갈수기 때도 운행이 가능하도록 배의 바닥을 평평하게 만들었다.

1950년 해방직후까지 돛을 달거나 지붕을 씌우고 남한강을 오르내렸던 이 배는 300섬 가량의 소금을 싣고 서울 삼개(마포)나루를 떠나 충북 단양의 도담 상봉마루를 거쳐 괴산 불정까지 내려왔던 것으로 전해진다.

한 달에 세 번씩 소금배가 나루에 도달하면 충북 음성과 청안, 연풍, 제천, 단양, 경상도 북부, 강원도 남부 등지에서 찾아온 상인들이 곡식을 싣고 와 소금 등과 교환해갔다. 이 소금배는 70, 80년 전인 1920, 1930년대까지만 해도 활발하게 운행됐으나 육로가 뚫리면서 자취를 감췄다.

2006. 8. 19 뉴시스 연종영 기자

서울 월드컵경기장의 매력

우리나라는 2002년에 일본과 공동으로 월드컵을 개최했어. 이 대회에서 우리나라는 4강에 드는 뛰어난 성적을 거두었어. 서울 상암동에 있는 월드컵경기장은 우리나라의 전통과 현대가 한데 어우러져 있어. 경기장의 지붕은 방패연의 이미지와 남북의 경계를 흐르는 한강의 상징 황포돛배를 형상화해 구조적 아름다움이 뛰어나. 그래서일까, 영국의 축구 전문 잡지 〈월드사커〉는 세계 10대 축구장으로 서울 월드컵경기장을 뽑았다고 해.

황포돛배와 방패연

월드컵경기장

서울 월드컵경기장은 예전의 한강 나루터 근처야. 그래서 마포나루와 황포돛배의 느낌을 살린 경기장을 만들었지. 경기장을 가만히 살펴보면 마치 황포돛배가 모여 있는 듯도 하고 방패연 인 듯도 해. 나룻배 혹은 낚거루배라고도 불리는 황포돛배는 한강에 다리가 놓이고 댐이 생기기 전 물자를 수송하고 많은 사람들이 먹고살아 갈 수 있도록 길을 열어 주었어. 그러니까 한강의 역사가 월드컵이라는 세계인의 잔치 속에 다시 태어난 것이라 할까.

서울 월드컵경기장은 방패연과 황포돛배를 연상시키는 전통미와 막 구조로 눈길을 끌었어. 마치 대나무 살이 방패연의 창호지를 팽팽하게 당기듯 돛대가 지붕과 건물을 잡아당기는 듯한 모습으로 한강 곁에 어우러져 있어.

떼돈을 버는 사람들

떼돈 번다는 말을 들어 본 적 있지? 떼돈은 나무들을 엮어 물에 띄우는 뗏목과 관련이 있어. 예전에는 비행기는 물론 자동차나 기차도 없었어. 그래서 강이 주요 교통 수단으로 활용되었지. 특히 무거운 물건을 실어 나르는 데에는 배를 활용하는 편이 가장 좋았다고 해.

옛날에는 건물을 지을 때 주로 나무를 사용했어. 궁궐을 살펴보면 대다수가 목재 건물이지. 그 많은 나무가 어디에서 왔을까? 예로부터 나무는 저 멀리 강원도 정선에서 많이 실려 왔다고 해. 정선은 산이 높고 깊어 건축에 좋은 나무들이 많았어. 그런데 엄청나게 무거운 나무들을 가져오는 일이 여간 힘든 게 아니었어. 그래서 생각해 낸 것이 바로 물길을 통한 운반이었어. 아우라지 나루터는 정선 근처에서 생산된 좋은 나무들을 모아 서울 마포나루로 보내는 곳이었어. 바로 한강을 통해 이 나무들을 옮길 수 있었고, 이렇게 서울에 도착한 뗏목들은 아주 비싼 값에 팔렸어. '떼돈' 번다는 말은 그때부터 생겨났다고 해.

사실 떼돈을 벌기란 힘들었지. 물살이 거세지는 여울이 곳곳에 있었기 때문에 뗏목을 실어 나르던 뱃사공들이 다치거나 죽는 경우도 종종 있었다고 해. 뗏목들은 물길이 좋으면 5~7일, 물이 줄어들면 한 달 가까운 기간 동안 이동했고, 뱃사공들은 '정선 아라리'를 부르며 서울로 들어오곤 했다고 해.

배다리와 반차도
조선시대

한강의 배다리

한강에 현대식 다리가 생긴 것은 겨우 100년 남짓밖에 되지 않으니까 그전에는 대부분이 나루터를 이용해 배를 타고 한강을 건너 다녔어. 그런데 임금이 배로 강을 건너는 데에는 문제가 있었어. 위험하기도 하고 임금이 행차 중에 배를 타려고 내리는 것도 쉽지 않았으니까. 이 문제를 슬기롭게 풀어 준 것이 배다리야. 말 그대로 배로 만든 다리로, 한강에 여러 대의 배를 띄우고, 그 위에 널빤지를 붙여 만들었어. 조선시대 정조 임금도 배다리를 이용해 한강을 건넜다고 해.

당시 배다리는 가로 4미터, 세로 11미터짜리 목선 37척을 연결해 만들었어. 배 위에 나무판을 강의 흐름과 수직으로 다섯 줄 연결하고, 그 위에 폭 한 자 길이 스물네 자의 나무판 1천 800개를 배와 평행하게 덮었어. 나무판 위에는 솔잎과 흙을 깔아 길의 모양을 갖추도록 했지. 정조 임금은 당시 상황을 하나하나 다 기록으로 남겨 두었어. 그래서 한강을 건너기 위해 얼마나 많은 사람이 어떤 일을 했는지, 또 몇 명의 사람들이 함께 한강을 건넜는지 알 수 있어.

한강 배다리 경로

정조 임금이 한강을 건넌 이유는 화성으로 행차하기 위해서였어. 특히, 1795년에 정조는 어머니 혜경궁 홍씨의 회갑잔치를 기념하기 위해 아버지 사도세자가 묻힌 화성(현재의 수원)까지 약 8일간 1,779명의 문무백관, 나인, 호위 군사들과 779필의 말을 이끌고 행차했다고 해. 이것 역시 기록으로 남겨 두었기에 이토록 자세하게 그 사실을 알 수 있지. 그 당시에는 글과 그림으로 기록을 남겼어.

그림을 잘 그리는 사람들을 따로 뽑아 도화서를 만들고 나라에 행사가 있을 때마다 그림으로 기록했어. 기념 사진을 찍는 것과 비슷하지? 정조 임금이 한강을 건너는 장면도 그림으로 남아 있어. 덕분에 사람들은 조선시대 사람들이 어떤 옷을 입고 또 어떻게 행차했는지 알 수 있어. 그래서 역사 드

라마나 영화를 만들 때 당시 사람들의 옷과 머리 모양을 참고해. 기록이 남아 있어 서울시에서도 정조 임금의 행차를 1년에 한 번씩 재현할 수 있게 된 거야. 정조 임금과 함께 배다리로 한강을 건너 볼까?

청계천에서 만나는 반차도

청계천에 가면 정조 임금이 행차하던 모습을 살펴볼 수 있어. 반차도가 도자기 벽화로 전시되어 있거든. 반차도란 궁중의 각종 의식 때 행사에 참여한 신하들의 임무와 지위에 따라 늘어서는 차례를 기록한 도표와 그림을 말해. 반차도는 정보 전달 수단이었기 때문에 행차 장면을 문자로 나타내기도 했어. 청계천의 반차도는 〈능행 반차도〉인데, 정조가 1795년에 어머니 혜경궁 홍씨를 모시고 아버지 사도세자가 묻힌 화성을 다녀와서 그 행렬을 상세하게 기록한 거야. 아버지의 무덤에 가는 길이라 능행이라고 이름을 붙였어.

반차도는 왕실기록화이자 풍속화야. 당시 조선 사회의 의상, 악대구성 등의 문화를 두루 살필 수 있어 역사적 가치를 지니고 있으며, 조선시대의 기록문화가 얼마나 발달했는지 알려 주는 자료가 돼. 김홍도 등 당대 최고의 화가들이 그린 것으로 왕조의 위엄과 질서를 장엄하면서도 분방하게 표현한 것이 돋보이지. 그림 속 사람들의 표정을 하나하나 살펴봐. 청계천에 설치된 반차도는 총 길이 186미터, 높이 2.4미터로 세계 최대 규모라고 해. 30×30센티미터 도자기판에 원본을 그리고 직접 채색한 작품 4,960매를 연결해 완성했어. 작품은 프롤로그, 서울의 옛 지도인 수선전도, 반차도, 에필로그 등 4개 부분으로 되어 있어.

나룻배와 서울깍쟁이

조선시대 서울의 교통수단은 주로 나룻배였어. 나룻배를 대려면 나루터가 있어야 하는데, 옛날 한강에는 18개 정도의 나루터가 있었다고 해. 하지만 1970년대 이후 다리가 들어서면서 하나씩 사라져 갔어. 광나루, 삼밭나루, 동작나루, 노들나루, 양화나루는 한강의 5대 나루로 각종 물품과 사람들의 집합지로 유명했지. 한강은 광나루에서부터 경강이라 불렀어. 나루가 모두 서울로 출입하는 길목이기 때문에 그랬다고 해. 경강 중에서도 광나루, 한강, 양화, 마포, 용산을 5강이라 하여 중요시 하였는데, 아마 뱃길을 이용했기 때문일 거야. 그중 마포나루의 또 다른 이름인 삼개나루는 한강의 교통과 화물 유통의 중심지였어. 그런데 옛날에도 도둑이 있었을까?

도둑 이야기 하나 들려줄게. 옛날 삼개나루에는 객주방과 보부상들, 거간꾼, 왈패들이 있었어. 그러니까 오늘날 조직폭력배의 원조인 깍쟁이 무리야. 그런데 이 깍쟁이들이 시골에서 오는 어리숙한 장사꾼이나 지방 사람들의 물건을 강제로 빼앗고 폭력을 사용해 사람들의 물건을 헐값으로 사기도 했어. 그래서 지금까지 서울깍쟁이란 말이 전해지고 있는 거야. 옛날에도 도둑이 많았다고 해. 옛 한강에서 일어났던 일들…… 우리가 지금부터 꼼꼼히 지켜본다면 이런 일들이 줄어들겠지?

-서울 당산초등학교 6학년 5반 김윤지

한강 다리 밑 피서

서울시 한강사업본부에서는 서울 시내 한강 다리 중 돗자리 하나로 무더위를 피할 수 있는 12개(광진, 천호, 잠실, 청담, 동호, 동작, 원효, 마포, 서강, 양화, 가양, 방화대교) 다리 밑을 소개했어. 서울에서도 한강이랑 가까운 곳은 시원하다고 해. 강물이 증발하면서 공기 중의 열을 빼앗아 도심보다 5도가량 온도가 낮은데, 특히 다리 밑은 다른 곳보다 2~3도가량 더 낮아 시원하다고 해. 더위를 피하려면 수박이랑 돗자리를 들고, 한강 다리 밑으로 가 봐. 한강 다리 밑에 많이 사는 비둘기로부터 보호할 특별한 시설도 만들어 놓았어. 비둘기는 사람에게 달려들지 않지만 비둘기 똥으로부터 사람들을 보호하기 위해 다리 밑에 그물망도 설치해 두었어.

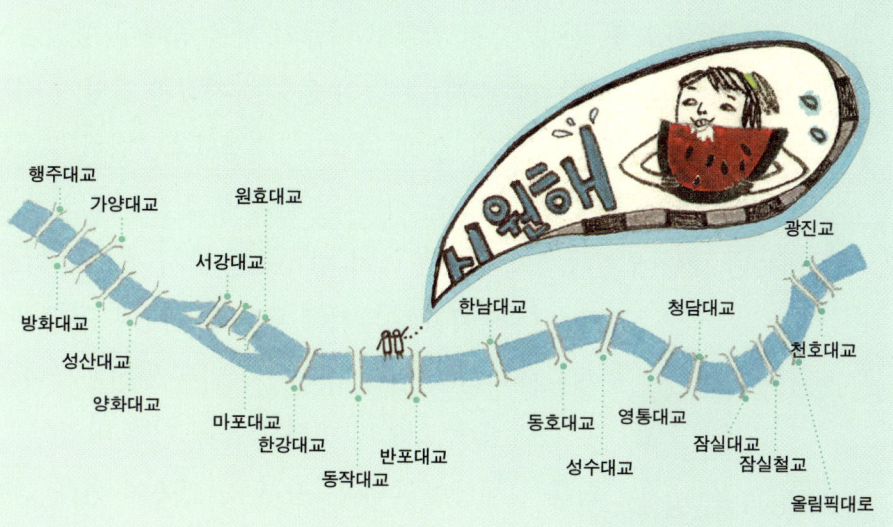

아픈 역사

삼전도비 이야기

사실 '삼전도'는 한강 상류 지역인 지금의 서울 송파구 삼전동에 있던 나루 이름이야. 예전에는 한강의 물길이 지금과 달랐기 때문에 여기에 나루터가 있었어. 원래 이름은 '대청황제공덕비'로 '큰 나라 청 황제의 공과 덕을 기리는 비'라는 뜻이야. 조선 인조 임금 때인 1639년 12월에 청나라의 강요에 따라 병자호란 당시 청 태종의 공적과 덕을 자랑하기 위해 세운 전승비래. 청일전쟁 이후 청나라의 힘이 약해지자 치욕스럽다 하여 고종 32년(1895년)에 이 비를 강물에 던져 버렸어. 그러나 일제강점 후(1913년) 우리 민족이 원래 힘이 없어 다른 민족에게 지배되어 왔다는 논리를 증명하기 위해 일제가 다시 건져 올려 세워 놓았어.

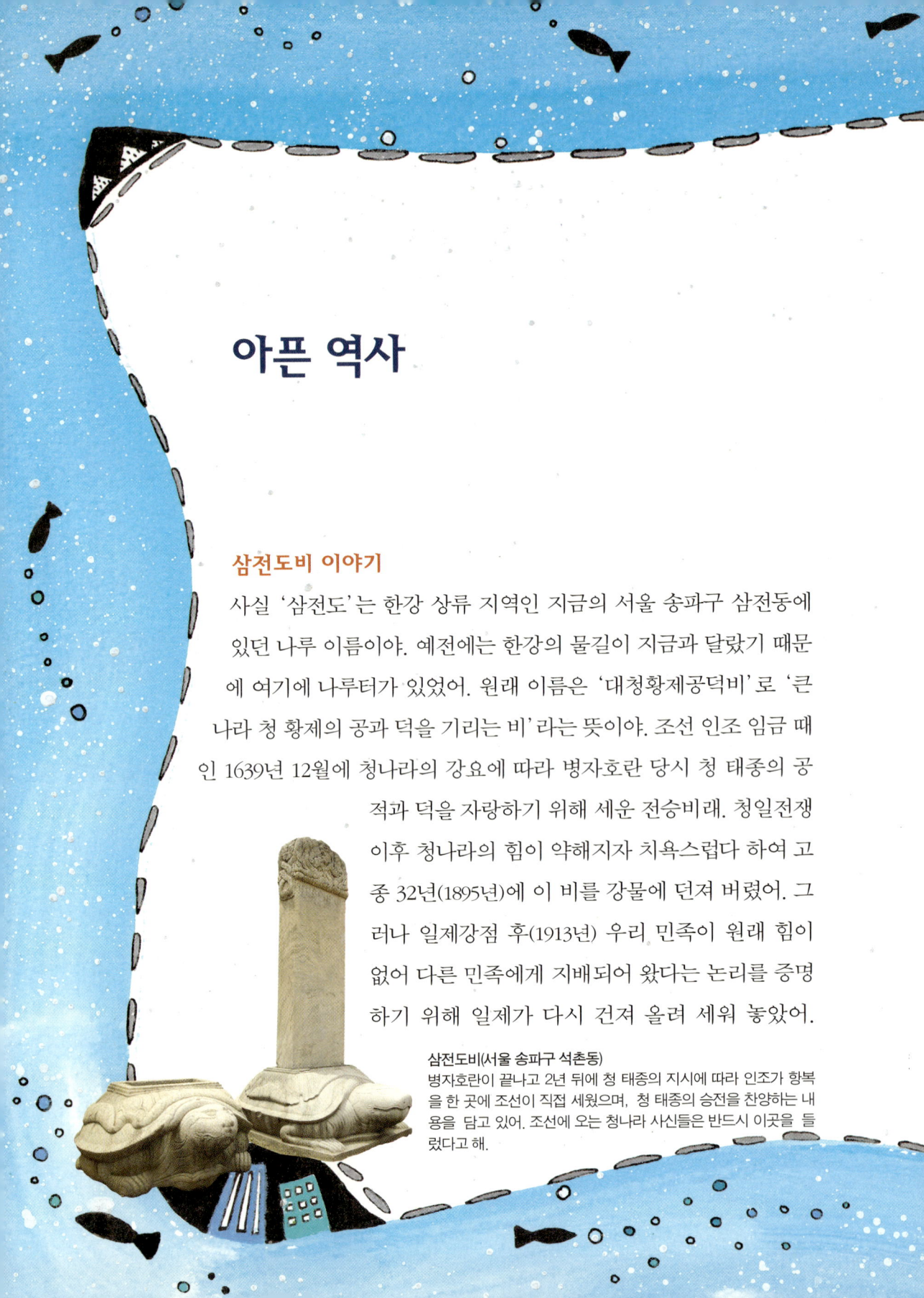

삼전도비(서울 송파구 석촌동)
병자호란이 끝나고 2년 뒤에 청 태종의 지시에 따라 인조가 항복을 한 곳에 조선이 직접 세웠으며, 청 태종의 승전을 찬양하는 내용을 담고 있어. 조선에 오는 청나라 사신들은 반드시 이곳을 들렀다고 해.

1945년 광복이 되자마자 지역 주민들이 비석을 땅속에 묻어 버렸대. 그런데 1963년 대홍수 때 그 모습이 드러났고, 정부는 치욕의 역사를 되새기자며 다시 세워 놓았어. 서울시는 1983년 5월 지금의 자리인 석촌동 일대에 500평 규모의 소공원을 만들었어. 그런데 얼마 전에 누군가 삼전도비에   붉은색 스프레이로 '철거 병자', '370' 등을 써 놓았어. 370년 전의 역사를 지워 버리고 싶은 마음에 붉은색 글씨로 쓴 것 같아. 역사의 부끄러운 부분을 없애는 것이 좋을까, 아니면 이런 역사도 잘 보존하면서 두고두고 함께 생각해 보아야 할까?

강화도의 어제와 오늘

강화도는 아름다운 한강 덕분에 이름이 붙여졌다고 해. 한강이 강화 섬 앞에서 바다로 접어들기 때문에, 한강물이 빚어낸 한 떨기 꽃과 같다는 뜻으로 강의 꽃, '강화'라고 불렀다고 해. 강화도는 역사의 보물섬이라고 부를 만큼 역사와 관련한 유물과 유적을 많이 가지고 있어. 강화도에는 가슴 아픈 역사도 서려 있지. 무엇보다 조선 후기에는 외국의 배들이 강화도로 계속 쳐들어왔어. 프랑스와 미국의 함대가 침략했고, 이곳 강화도에서 일본과 강화도조약을 맺기도 했어.

유독 조선 후기 강화도에 이처럼 역사적 사건이 많은 이유는 옛날 주요 교통수단이 물길을 이용한 배였기 때문이야. 그 당시만 하더라도 세계를 두루 다니기 위해 배를 많이 이용했고, 조선의 수도인 한양으로 들어가는 중요한 길목에 강화도가 있었기 때문에 중요한 역사적 사건이 강화도에서 많이 일어났어. 바다로부터 한양으로 들어가려면 강화도를 거쳐 한강을 거슬러 올라가야 했고, 따라서 서양 세력을 비롯해서 일본의 침략이 대부분 강화도에서 시작되었어.

역사의 아픔이 새겨진 강화도의 뱃길이 최근 새롭게 주목받고 있어. 오랫동안 막혀 있던 한강의 뱃길을 다시 열려고 하거든. 비행기는 빠르고 편리하지만 돈이 많이 들고 많은 물건을 실어 나를 수 없는데, 배를 이용하면 넉넉하게 사람과 물건들이 서로 넘나들 수 있다고 해. 더불어 이 뱃길은 동북아시아의 평화를 열어 가는 뱃길이 될 수도 있대. 중국뿐 아니라 북한으로도 배가 드나들 수 있기 때문이야. 남과 북이 전쟁으로 갈라지고 나서 한강을 통해 황해로 나가는 뱃길은 그동안 막혀 있었어. 이 뱃길을 열면 자연스럽게 길이 열리면서 북한과 자유롭게 만날 수

있는 기회도 많아질 거야. 길목으로 강화도가 새롭게 자리매김하며 평화의 섬으로 거듭났으면 좋겠네!

서울-중국 뱃길

100년 동안 한강을 지켜 온 문화재

얼마 전 불에 타서 온 국민의 마음을 아프게 했던 남대문은 우리나라를 대표하는 문화재야. 한강 다리 중에도 문화재가 있다고 해. 문화재는 역사적으로 소중하게 기억할 만한 물건이나 건축물을 말하는데, 한강철교가 문화재로 지정되었어. 한강철교는 한국 최초의 근대식 다리야. 한강철교의 내력을 알면 지난 100년 동안의 우리 역사를 고스란히 알 수 있지. 한강철교는 우리나라 최초의 철도인 경인선과 함께 1900년에 개통되었어. 일제강점기에는 일본이 식민지인 우리나라의 물자를 운송하는 데 이용했어. 한국전쟁 때는 후퇴하던 국군이 한강철교를 폭파하는 바람에 수많은 피란민이 희생되었지. 이후 한강철교는 우리나라가 전쟁의 아픔을 딛고 다시 일어서

내가 손꼽는 한강 다리―원효대교, 성수대교, 한강대교

한강의 다리는 모두 27개야. 서울에 있는 한강 다리만 25개라고 해.

내가 으뜸으로 손꼽는 다리는 <괴물>이라는 영화를 찍었던 원효대교와 예전에 다리가 끊어져 엄청난 사고를 겪은 성수대교야. 괴물이 원효대교에 매달려 있던 장면이 기억나. 아마 그 영화는 오래 잊혀지지 않을 듯싶어. 1994년 10월 21일에 어처구니없게도 무너져 내렸어. 다리의 상판을 떠받치는 철제 구조물의 연결 부분에 용접이 제대로 되지 않아서래. 성수대교의 붕괴로 많은 사람들이 죽거나 다치는 등의 끔찍한 일이 있었어. 아, 그리고 한국전쟁 때 끊어졌던 한강대교가 있어. 1950년 6월 28일 새벽에 요란한 소리와 함께 한강 다리가 무너져 내렸대. 작전상 한강 다리를 폭파해서 한강 다리를 건너던 수백 명의 사람들이 다리와 함께 떨어져 죽거나 다쳤다고 해. 작전상 어쩔 수 없다 해도 사전에 그 사실을 알리지 못한 것은 참 안타깝고 슬픈 일이야. 다시는 이런 일이 일어나지 않았으면 좋겠어!

―서울 당산초등학교 6학년 5반 전형제

붕괴

한강은 흐른다

는 데 큰 몫을 했으며, 세계 여러나라 사람들에게 한강의 기적을 널리 알리기도 했어. 문화재청에서 이 다리를 문화재로 등록한 것은 지난 100년 동안 우리 겨레와 함께해 온 한강철교에게 훈장을 준 셈이야.

한강의 기적

우리나라는 한국전쟁으로 엄청나게 큰 고통을 겪었고, 그 상처가 지금도 남아 있어. 헤아릴 수 없을 만큼 많은 사람들이 죽거나 다쳤고, 도시에 제대로 남은 집이 없을 정도야. 그런 상황에서 우리나라는 어려움을 딛고 눈부신 경제 성장을 이룩했어. 그래서 사람들은 한강의 '기적'이 일어났다고 했지. 한강의 기적은 우리나라의 급격한 성장을 상징적으로 일컫는 말이야. 온 국민이 힘을 모아 애쓴 결과 우리나라는 '아시아의 네 마리 용'이라는 이야기를 듣게 되었어.

애기봉에 서면

강물은 흘러 흘러 바다로 간다고 했으니까 한강도 결국 바다로 흘러가겠지? 그런데 한강은 바로 바다로 가지 않고 북한에서 내려오는 임진강과 만나 황해로 나가. 지도를 보면 한강이 임진강과 만나 바다로 나가는 것을 알 수 있어. 지도에 낯선 이름이 있지? 황해북도 개풍군! 황해북도는 우리나라의 경기도와 같은 북한의 도 이름이야. 한강 끝에서 북한의 황해북도와 마주하며 강물이 바다로 흘러가. 이 사진은 애기봉 전망대에 올라가서 바라

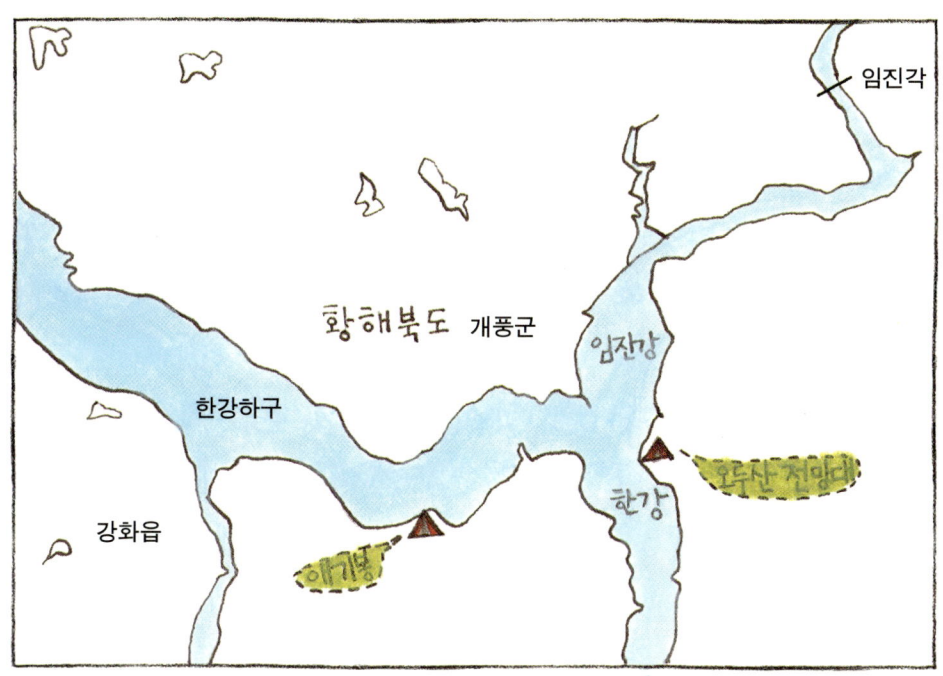

본 한강의 모습이야. 한강 너머는 북한이라고 해. 한강을 경계로 남과 북이 나누어져 전망대에 올라서서 한강 너머를 보면 느낌이 새로워. 북한이 너무 가까이 있기 때문이야.

애기봉 전망대는 역사적 사연이 서려 있는 곳이야. 1636년에 청나라 태종이 십만대군을 이끌고 우리나라를 침범한 병자호란 때의 일이야. 전쟁이 일어나자 당시 평양감사는 '애기'라는 기생을 데리고 수도 한양을 향해 피난길에 오르게 되었어. 그런데 평양에서 개성을 거쳐, 지금은 우리가 마음대로 갈 수 없는 개성직할시 판문군 조강리에 이르렀을 때, 감사는 뒤따라오던 청나라 오랑캐에게 붙잡혀 다시 북으로 끌려가고 말았어. 애기만이 구사일생으로 강을 건너 이 산 좌측에 위치한 조강리란 마을에 머물게 되었어. 그 후 애기는 날마다 이 봉우리에 올라와 북녘 하늘을 바라보며 눈물로써 감사가 돌아오기만을 애타게 기다렸어. 그러나 감사는 돌아오지 않았고 애기는 결국 병이 들어 죽게 되었지. 고향 하늘과 님이 있는 북녘 땅이 잘 보이는 이 봉우리에 묻어 달라는 애기의 간절한 유언을 전해 들은 조강리 사람들은 그들의 애달픈 사랑을 가엽게 여겨, 애기를 이 봉우리에 묻어 평생 한을 달래 주었다고 해.

애기봉

1966년 10월 7일 박정희 전 대통령이 이곳을 방문해, 이 봉우리에 얽힌 이야기를 듣고는 애기의 한이 강 하나를 사이에 두고 오가지 못하는 우리 1천만 이산가족의 한과도 같다고 하며, 그동안 '154고지'로 불리던 이 봉우리에 '애기봉'이라고 이름 붙여 주었어. 지금은 애기봉보다는 평화봉이나 통일봉이라고 부르는 것이 좋지 않겠냐는 의견이 있어. 기생 애기의 애절한 바람보다는 온 국민의 염원인 평화나 통일이라는 이름이 더 나을 것 같다는 주장이야. 어떤 이름이 좋을까?

막대기로 한강에 다리를 놓는다고?

막대기로 한강에 다리를 놓을 수 있을까? 과연 그것이 가능할까? 김주현이라고, 그 가능성을 이야기한 예술가가 있어. 그는 어떤 생각을 했던 걸까? 이름하여 '생명의 다리'를 만든 건 그동안 '생명의 그물'이라는 주제로 진행해 왔던 자신의 조각 작품을 사람과 동물을 위한 걷기 전용 다리에 응용한 거라고 해. 차량 통행만을 위해 세워진 기존의 한강 다리들을 바라보며 무미건조하고 똑같은 모양들을 달리하자는 뜻에서 생명의 다리를 제안한 거야. 그물을 연결하듯 점과 점을 연결하는 막대를 쌓아서 구조물을 만든 거래. 생명의 다리는 자동차에 빼앗겨 정작 사람과 동물이 마음대로 넘나들 수 없는 한강 다리를 새로운 방식으로 만들어 본 거야. 이 다리를 보고 걷는 사람들이 생명의 소중함을 생각했으면 좋겠어. 크고 멋진 다리뿐만 아니라 작고 소박해도 여러 생명들이 자유롭게 한강을 거닐 수 있으며 좋잖아.

평화의 배를 함께 타고

한강을 좀 더 알기 위해 선생님과 함께 버스를 타고 강화도까지 가서 '평화의 배'를 탔어. 행사의 목적은 남한과 북한의 평화통일을 기원하려는 거야. 우리는 마침 이 배가 한강하구에 간다는 소식을 듣고 배를 타게 되었어. 요즘 많은 사람들이 점점 더 한강하구에 관심을 갖고 있어. 한강하구는 남한과 북한이 교류할 수 있는 곳들 중 하나이기 때문이야. 그래서 한강하구에서는 매년 7월 27일이 되면 이런저런 행사가 열리고, 정부는 한강하구를 더럽히거나 낚시를 하는 사람들을 처벌하고 있어. 앞으로 한강하구는 점점 더 유명해질 거야. 시간이 있다면 이 행사에 참여해 남과 북이 다시 하나 될 수 있도록 응원했으면 좋겠어.

-서울 당산초등학교 6학년 5반 원동욱

한강을 사랑하고 평화를 염원하는 시민 여러분, 7.27 '한강 하구 평화의 배 띄우기'에 초대합니다.

우리는 한강하구가 비무장지대의 일부인 것으로 잘못 알았으나, 정작 정전협정(1조5항)에는, "한강하구 수역은 쌍방 민간 선박의 항해에 이를 개방한다"라고 되어 있습니다.

한강하구는 지금 이 순간에도 우리들의 평화로운 항해를 기다리고 있는 것입니다. 이제, 우리는 2005, 2006년에 이어 올해에도 한강 하구에 '평화의 배'를 띄워 어머니 강의 입에 물린 재갈을 풀어 드리려 합니다.

우리들이 지혜와 힘을 모아낸다면, 한강은 생명과 평화의 물결 넘실대는 어머니 강으로 되살아 오를 수 있습니다.

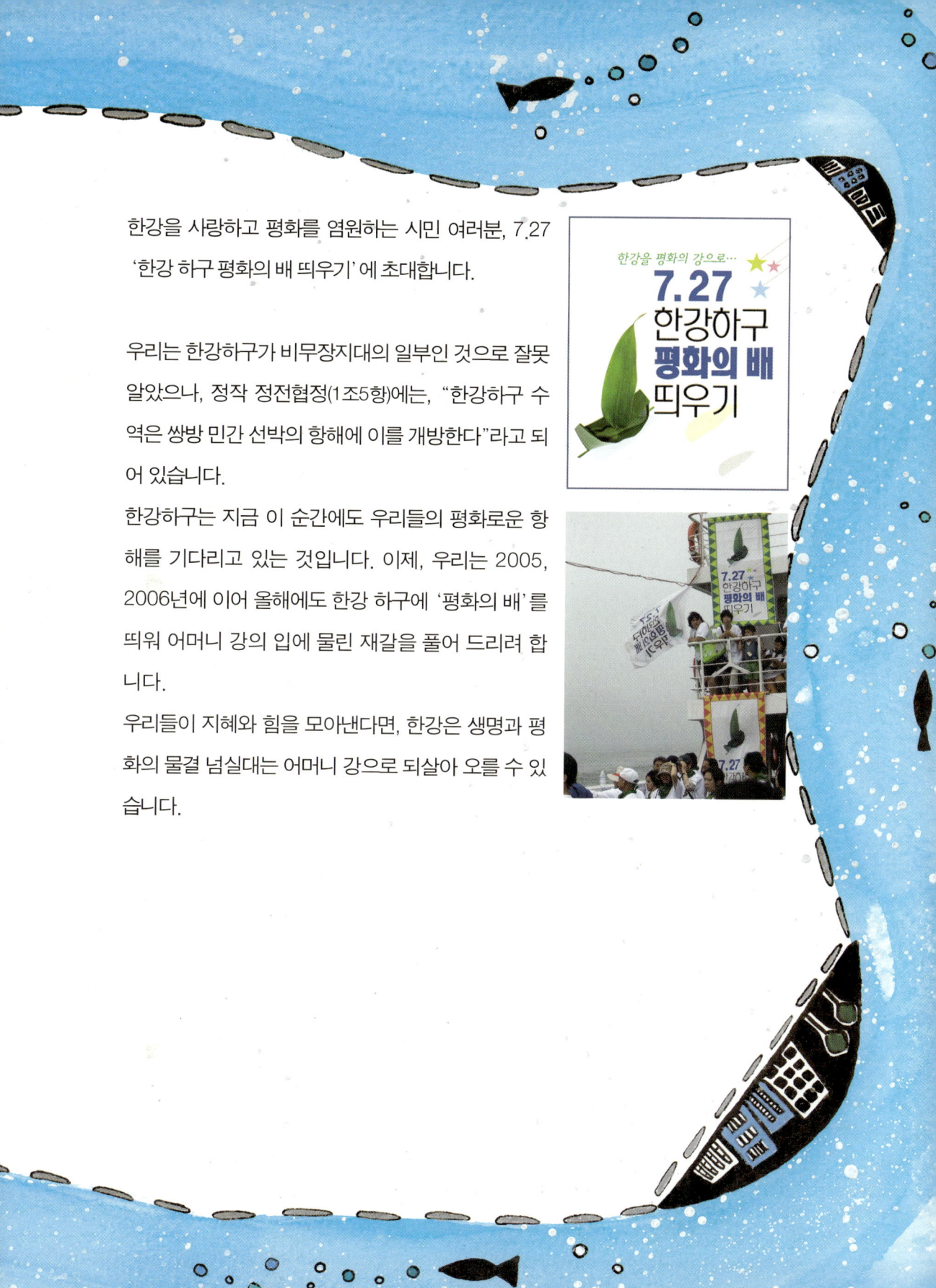

한강에서 놀자

한강의 볼거리, 놀거리, 먹을거리
한강은 살아 있는 자연학습장이야. 한강에서 우리는 레저스포츠를 즐길 수 있고, 문화시설도 이용할 수 있어. 봄에는 자전거와 인라인스케이트를 타고 한강 주변에 핀 꽃들을 감상할 수 있고, 여름에는 수영장에서 첨벙첨벙 물장구를 치고 수상 레저스포츠도 배울 수 있어. 가을에는 황금빛 갈대밭에서 높은 가을 하늘과 국화 향기를 만끽하고 겨울에는 철새들에게 반갑다고 인사하며 얼음낚시와 팽이치기도 할 수 있어. 생각만 해도 신이 나지 않아? 서울에 한강이 없다면 어떤 모습일까? 조금은 삭막하고 답답하겠지?

특별한 나의 하루 선유도공원

선유도공원은 서울시 영등포구 양화동 양화대교 아래 옛 정수장을 활용해 생태공원으로 만들었어. 면적 11만 400㎡의 선유도공원은 2002년 국립공원으로 지정되어 한강시민공원과 함께 시민들의 쉼터 노릇을 톡톡히 하고 있어.

선유도공원에서 본 서울

선유도공원은 2001년에 한강물 정수장에서 공원으로 변신했어. 선유도는 한강의 그저 그런 섬이 아니라 '선유봉'이라 불린 하나의 봉우리로, 양화나루와 강 너머 망원, 마포를 잇는 한강의 절경이었다고 해. 봉우리는 한강 주변의 산세를 관람할 수 있는 아주 좋은 전망대야. 조선시대 화가 정선의 〈선유봉〉을 보면, 선유봉의 옛 모습을 알 수 있어.

선유봉 　　　　　　　　소요정 　　　　　　　　소악루

〈선유봉〉을 보면 모래밭 버들숲과 돛단배 둥둥 떠 있는 그 옛날의 양화나루를 상상할 수 있겠지? 소요정은 공암리 남쪽 기슭에 있던 정자야. 그런데 정선의 〈소요정〉에서도 소요정을 볼 수 없으니 그때도 터만 남아 있었나 봐. 소악루는 가양동 성산 동쪽 기슭에 있던 누각이야.

옛날에 선유봉과 양화나루 사이에는 하얀 모래밭이 펼쳐져 있었어. 비가 오지 않으면 터벅터벅 걸어서 갔다고도 해. 선유봉에서 마포까지는 강폭이 넓고 물이 잔잔해 풍류객들이 이곳 누각이나 정자에 거처하며 풍류를 즐겼어.

1925년 대홍수 이후 일제는 강가에 둑을 쌓아야 한다며 강변 마을 사람들을 이주시키고, 선유봉을 채석장으로 이용했어. 한강에 둑을 쌓고, 여의도 비행장으로 이어지는 도로를 만들기 위해 선유봉의 암석을 채취했지. 그래서 '봉'은 없어지고 말았어. 그나마 남아 있던 선유봉의 흔적도 1965년에 양화대교가 들어서면서 사라지고 말았어. 하지만

1978년에 선유 정수장이 자리해 2000년까지 정수장으로 활용되다 시민들을 위한 아름다운 공원이 되었어. 이제 선유도는 늘 우리 옆에 있어.

다시 태어난 선유도

선유도공원은 재활용 생태공원이야. 정화 시설이 아직 남아 있어서 공원의 식물들을 쑥쑥 자라도록 도와줘. 이곳에서 정화된 물은 온실의 열대식물과 수조의 수생식물, 환경물놀이터, 갈대수로, 시간의 정원 등 공원을 돌고 돌아 생명의 원천이 되고 있어. 흐르는 물을 따라 산책해도 좋고, 한강전시관에서 한강에 얽힌 우리 역사를 살펴봐도 좋아.

수질정화원

물속 불순물을 가라앉혀 제거하던 곳이야. 지금은 노랑어리연꽃, 수련, 물양귀비 등 정수식물들이 자라고 있어. 물이 자정작용을 하려면 수생식물이 꼭 필요해. 수생식물을 '정교한 자연의 정화장치'라 해도 좋아. 수질정화원은 자연의 소중함과 가치를 몸으로 느낄 수 있는 특별한 공간이야.

환경물놀이터

수질정화원에서 정화된 물이 이곳으로 흘러와 물놀이터를 만들었어. 물의 깊이가 10센티미터로 낮아 어린 동생들도 안전하게 물놀이를 즐길 수 있어. 수로 위쪽으로 모래밭이 있어 모래놀이를 할 수도 있어. 강변에서 떠내려 온 듯한 나무와 돌을 설치해 강변 풍경이 떠올라.

수생식물원

모래와 자갈 여과 장치로 물속의 불순물을 걸러내던 곳이야. 지금은 하천, 늪, 습지에서 볼 수 있는 각종 수생식물들이 자라고 있어. 수초가 사는 곳에는 물고기나 잠자리, 유충 등 많은 생물들이 살고 있어.

시간의 정원

약품을 넣어 물속 불순물을 가라앉히던 침전지였어. 커다란 수조 2개로 이루어져 있는데, 옛 정수장의 구조물을 살려 만든 공간이야. 물과 시간이 함께 흐르고, 그 안에서 자라는 식물들이 시간의 흔적을 느끼게 한다고 해서 '시간의 정원'이래. 시간의 정원에는 녹색기둥의 정원·소리의 정원·푸른숲의 정원·이끼

원·색채원·덩굴원·방향원·고사리원 등 8개의 작은 정원이 있어.

수생식물에는 어떤 것이 있을까?

물가에서 자라는 식물 (정수식물) : 뿌리는 진흙 속에 있고, 줄기와 잎의 일부 또는 대부분이 물 위로 뻗어 있는 식물이야. 습지 가장자리에 많은데, 갈대·줄·부들·큰고랭이·창포 들이 있어.

물 위로 잎을 내는 식물 (부엽식물) : 뿌리는 물속 밑바닥에 들러붙어 있고, 잎은 물 위에 둥둥 떠 있는 식물을 말해. 수심 1~1.5미터의 물속에서 자라. 물 위에 뜬 잎은 표면에만 송송 숨구멍이 있는데, 앞면이 매끈매끈해서 젖지 않아. 가래·마름·수련·어리연꽃 들이 부엽식물에 속해.

물 위에 떠서 사는 식물 (부유식물) : 물 위나 물속을 떠다니며 사는 식물이야. 줄기나 잎이 물 밑에 있고 뿌리가 없거나 빈약해. 개구리밥·물옥잠·자라풀·생이가래·통발 들이 있어.

물속에 잠겨 사는 식물 (수중식물) : 뿌리, 줄기, 잎 모두 물속에 잠겨 있고, 가는 뿌리나 땅속 줄기가 물 밑으로 뻗어 있어. 꽃은 주로 물 위에서 피는데, 붕어마름처럼 물속에서 꽃이 피는 것도 있어. 수중식물에는 붕어마름·물수세미·검정말·나사말 들이 있어.

또 뭐가 있을까?

온실
수질정화수로에 이용되는 난대, 열대 수생 식물 외에도 호랑가시나무와 같은 우리나라 남부지방의 나무들과 백화와 같은 덩굴성 식물들이 함께 자라고 있어.

한강전시관
한강의 역사, 생태환경, 그리고 한강의 사계가 전시되어 있어. 지하 1층에는 한강의 생태환경을 주제로 전시 공간이 있고, 한강을 오가던 조운선의 실제 모양을 복원한 그림과 황포돛배 모형이 전시되어 있어. 1층 전시관에서는 창밖으로 녹색의 정원을 볼 수 있고, 2층의 기획전시실에서는 한강에 사는 생물 전시회를 열기도 해.

4개의 원형 공간

전망대 쪽으로 가다 보면 커다란 원형 구조물 4개가 보여. 정수하고 남은 불순물을 물과 찌꺼기로 다시 분리해 처리하던 곳이야. 지금은 구조물과 철제다리, 녹이 슨 송수관을 재활용해 원형극장, 환경교실, 화장실로 꾸며 놓았어. 원형극장은 둥근 건물 안에 나무 의자를 놓아 작은 공연이나 모임을 할 수 있도록 했어. 원형소극장에서는 공연이나 축제 등 행사가 많아. 선유도공원에서 꼭 가야 할 곳 중 하나야.

선유도 공원에서 놀자

우리 〈선유도가 최고!〉 모둠은 초여름 어느 더운 날 선유도공원으로 향했어. 우리는 선유교를 건너 원형소극장으로 갔어. 소박하고 작은 극장에서 여러 공연을 볼 수 있었어. 그곳에서 친구들과 추억으로 남을 사진을 찍고 한강전시관으로 갔어. 마침 그림전시를 하고 있었는데, 옛 풍경과 옛 물건을 담은 멋진 그림이 아주 많았어. 녹색기둥의 정원에서는 돌 틈에 피어 있는 식물을 볼 수 있어 신기했어. 수생식물원은 야외에 있는 식물원이라서 그런지 너무너무 더웠어. 그곳에는 황금색 물고기가 있는데, 물이 뿌예서 잘 볼 수 없었으나 그래도 멋있었어. 선유정은 정말 시원했어. 선유정에서 바라본 한강은 조용하고 한적해서 그 옛날 신선이 앉아 놀았다는 말이 그럴듯했어. 우리는 선유정에서 사진을 찍고, 아쉽지만 선유도공원을 뒤로하고 집으로 향했어.

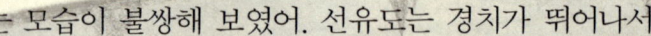

〈선유도가 최고!〉 모둠 박정현

선유도에서 제일 인상적이었던 것은 메기 처럼 보이는 굉장히 큰 물고기야. 선유교 아래로 오리와 갈매기를 볼 수 있었는데, 갈매기가 오리 집을 침범해 오리들이 강으로 흩어지는 모습이 불쌍해 보였어. 선유도는 경치가 뛰어나서

인지 이곳저곳에서 사진작가와 모델들이 촬영하는 모습을 볼 수 있었어. 그리고 선유도에는 가족들도 많았지만 아무래도 데이트하는 언니, 오빠들이 많았어. 우리도 아름다운 풍경 아래에서 폼을 잡으며 사진을 찍었어. 선유도는 아기자기한 산책로가 섬 전체를 감싸고 있는데, 그리 넓지 않아서 강아지를 데리고 천천히 걸어도 참 좋아. 사람들이 마구 버린 쓰레기는 보기 싫었어.

<선유도가 최고!> 모둠 김은아

선유도공원은 첫인상이 좋았어. 선유교를 통해 공원으로 들어가야 하는데 바람이 불면 다리가 흔들흔들…… 재미있어. 안전하다고 하니까 걱정할 필요 없어. 또 내가 몇 번째 방문자인지 알 수 있어 재미가 쏠쏠해. 밤에는 구름다리 모양의 선유교가 화려한 불빛을 받아 더욱 멋져. 환경물놀이터에는 아이들이 놀 수 있는 낮은 웅덩이가 여러 개 있어. 나는 물에 젖지 않으려고 다리와 다리 사이를 콩콩 뛰어다녔어. 녹색기둥의 정원에서 추억에 남을 사진을 함께 찍다 돌기둥에서 나뭇잎이 자라는 것을 보았어. 신기해. 수생식물원에는 식물이 아주 많아. 저마다 사는 곳이 다른 식물들이 칸칸이 나누어져 여러 곤충들과 함께

살고 있었어. 수생식물원에는 연꽃, 수련, 백련, 검정말, 붕어마름 들이 있어. 한강전시관에서는 한강에 관한 자료들뿐 아니라 황포돛배 모형도 볼 수 있었어. 시간의 정원에 있으면 시간이 빨리 가, 그래서 붙은 이름인 것 같아. 선유도공원은 시간의 정원, 환경물놀이터 등 시민들이 자유롭게 이용하고 즐길 수 있는 시설들로 가득해. 가족과 함께 다시 꼭 가고 싶은 곳이야.

<선유도가 최고!> 모둠 유은서

샛강생태공원은 서울교에서 여의교 사이 샛강 중심부에 조성된 우리나라 최초의 생태공원이야. 여의도의 샛강을 환경친화구역으로 바꾼 뒤, 자연학습장으로 활용되고 있어. 이곳 연못과 늪지에는 새들이 잠도 자고 휴식도 취할 수 있도록 횃대를 만들어 놓았어. 서울교 쪽 연못과 늪지에는 왜가리, 박새, 까치 등의 조류를 관찰할 조류관찰대가 있어 도심 속의 자연을 느낄 수 있어. 늪지에는 40종 6만 포기의 습지식물이 명아주, 개똥쑥 등 80여 종의 식물들과 어우러져 거대한 늪지 식물원을 이루고 있어.

어제의 여의도 샛강생태공원

여의도 샛강생태공원은 모래섬이었어. 1960년대 시작된 여의도 개발과 1980년대 한강종합개발사업으로 한강의 고유 생태계가 파괴되고 샛강에는 물이 흐르지 않았으며 주변은 경작지로 이용되었지. 샛강 저수지는 바닥이 썩어 악취를 풍기고, 파리와 모기가 들끓어 다가가기 힘들었어. 양쪽으로 올림픽대로와 윤중로가 가로막고 있어 차량 소음도 심했어.

오늘의 여의도 샛강생태공원
여의도 샛강생태공원은 여의도 개발과 한강종합개발사업으로 도시화되었어. 밤섬의 흙으로 여의도를 높여 새로운 땅으로 만들었어. 윤중로를 따라 벚나무를 심어 봄이 오면 벚꽃 나들이 명소가 되기도 해. 지금의 여의도는 국회의사당, 방송국, 신문사, 증권사 들이 들어서서 정치, 경제, 금융의 중심지로 탈바꿈했어. 1999년에는 아스팔트로 덮여 있던 여의도 광장을 공원으로 조성해 시민들의 여유로운 휴식처로 만들었어.

여의도 샛강생태공원의 생물

왜가리 몸길이 91~102센티미터로 한국에서 보는 왜가리과 중에서 가장 큰 종이야. 등은 회색이고 아랫면은 흰색, 가슴과 옆구리에 회색 세로줄 무늬가 있어. 머리는 흰색이며 검은 줄이 눈에서 뒷머리까지 이어져 댕기깃을 이루고 있어. 우리나라에서는 흔히 볼 수 있는 텃새로 번식이 끝난 일부 무리는 중남부 지방에서 겨울을 나기도 해. 못·습지·논·개울·강하구 등의 물가에서 홀로 또는 2~3마리씩 무리를 지어 행동해. 주로 낮에 활동하고 날 때는 목을 S자 모양으로 굽히고 다리는 꽁지 바깥쪽 뒤로 쭉 뻗어.

딱새 몸길이 15센티미터, 몸무게 17~18그램으로 수컷은 머리꼭대기에서 뒷목에 이르기까지 잿빛이 도는 흰색이고, 목에서 윗가슴에 걸쳐 검정색을 띠고 있어. 날개는 검정색에 흰 얼룩이 있고, 아랫가슴에서 배 아래쪽은 붉은 갈색이야. 딱새는 우리나라에 흔한 텃새로 지저귈 때 꽁지를 위아래로 흔드는 버릇이 있어. 번식기에는 깊은 산속에서만 볼 수 있고 겨울에는 마을 근처나 도시 공원에 모습을 드러내기도 해.

박새 몸길이 14센티미터로 머리와 목은 푸른빛이 도는 검정색이고 뺨은 흰색이야. 아랫면은 흰색을 띠며 목에서 배 가운데까지 굵은 검정색 세로 띠가 있어. 수컷은 이 선이 더 굵고 다리 위까지 이어져 있어. 등은 잿빛이야. 평지나 산지, 숲과 나무가 있는 정원, 도시 공원, 마을 부근에서도

흔히 볼 수 있는 텃새지. 4~7월에 나뭇구멍, 처마 밑, 바위 틈, 돌담 틈 또는 나뭇가지에 둥지를 틀고 한 번에 6~12개의 알을 낳아.

달맞이꽃 높이 30~120센티미터로 두해살이풀이야. 줄기가 곧게 자라 위쪽에서 가지를 치며 전체적으로 긴 털이 나 있어. 여름부터 가을에 뿌리에서 나는 타원형의 잎은 땅바닥에 딱 붙어서 겨울을 나. 잎 가장자리에 물결 모양의 톱니가 있고, 긴 잎자루를 가지고 있어. 6~9월께 지름 3~5센티미터의 노란색 꽃이 긴 꽃대에 여러 개 어긋나게 붙어서 밑에서부터 피기 시작해. 꽃잎은 4개로 거꾸로 세운 달걀 모양이야. 수술 8개, 암술 1개로 암술머리는 4개로 갈라져 있고, 검은색의 씨앗은 아주 작아.

갯버들 버드나무들은 보통 강가의 습지에서 자라는데, 유독 갯버들만 물살이 센 개울 근처에서 자라. '개울가에 자라는 버들'이라고 갯버들이야. 나무껍질의 섬유질이 매우 질기기 때문에 물살이 센 곳에서도 잘 자라. 갯버들은 설사 꺾인다 하더라도 여간해서 껍질은 벗겨지지 않아. 갯버들의 특징을 잘 보여 주는 것이 보송보송하게 버들가지에 붙어 있는 겨울 꽃눈이야. 다음 해 봄에 피워낼 꽃의 싹을 만들고 추운 겨울을 나기 위해 이렇게 따뜻한 털로 감싼다고 해.

돼지풀 1968년에 북아메리카에서 들어온 돼지풀은 줄기가 곧고, 높이는 1~2센티미터에 가지가 많이 갈라져 있어. 잎은 길이가 3~11센티미터로 앞면은 짙은 녹색이고 뒷면은 잿빛이 돌며 연한 털이 있어. 돼지풀은 번식력이 매우 강해 전국 각지에 야생 상태로 분포하고 있대. 또한 꽃가루가 많이 날려 알레르기성 비염과 각종 호흡기질환을 유발하는 식물로도 알려져 있어.

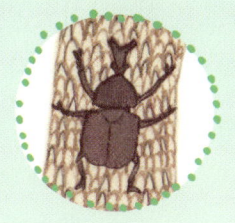
풍뎅이 풍뎅이의 몸 빛깔은 다양해. 금빛 광택이 나는 것도 있고, 붉은빛 또는 검은빛을 띤 자주색도 있어. 딱지날개(굳은날개)에는 작은 점무늬로 된 세로줄이 있어. 그 사이는 판판하지만 때로는 가로로 주름 무늬가 있어. 알에서 벌레가 되는 데 걸리는 시간은 1~2년이래. 불빛을 좋아해 빛이 나는 쪽으로 날아드는 특성이 있어. 풍뎅이는 장미, 차나무, 감나무, 밤나무, 무궁화, 찔레나무, 해당화, 복사나무, 벚나무, 참나무 등의 활엽수 잎을 먹는다고 해.

붕어 길이 20~43센티미터로 몸은 옆으로 납작하고 꼬리자루의 너비는 넓은 편이야. 몸 색깔은 황갈색이고, 머리는 짧고 눈이 작아. 주둥이가 짧고 입술은 두꺼운 편이야. 겨울에는 활동이 둔해지고 봄에는 활발해져. 산란 시기는 4~7월이며, 하천 중류나 하류의 물의 흐름이 약한 곳에 살아.

여의도 샛강생태공원의 축제

이곳 샛강생태공원에서는 시민들이 즐겁게 참여할 수 있는 다양한 축제와 행사들이 열리고 있어. 그중 여의도 벚꽃축제와 세계불꽃축제를 손꼽을 수 있어.

벚꽃 축제

4월이면 많은 사람들이 벚꽃길로 유명한 여의도 윤중로를 찾아. 이곳 벚꽃길에는 무려 5.7킬로미터에 걸쳐 1천 4백여 그루의 왕벚나무가 줄지어 서 있어. 국회의사당 뒤편으로 길게 늘어선 왕벚나무의 꽃이 활짝 필 때면, 화려한 봄의 축제를 만끽하려는 연인들과 가족들 때문에 밤에도 그 행렬이 줄지 않아. 또한 국회의사당 뒷길과 서울교를 따라 심은 왕벚나무는 밤이

되면 빛깔이 다른 조명 때문에 그 화려함이 절정에 달해. 왕벚나무 가지가 하얀 꽃으로 여의도의 하늘을 가리고 있는 모습은 여의도 샛강 생태공원과 어우러져 더욱 빛이 나.

세계불꽃축제

2000년부터 개최된 세계불꽃축제는 해마다 10월이 되면 솔솔 가을바람과 함께 한강의 밤하늘을 화려하게 수놓아. 오색의 불꽃을 한강의 밤하늘로 쏘아 올리면, 한강물에 비춰진 불꽃은 더할 나위 없는 아름다움을 뽐내. 눈을 꼭 감으면 머릿속에도 불이 켜져. 여기에 불꽃과 어울리는 영상 및 음악이 어우러지면 세계불꽃축제는 이곳을 찾은 사람들의 마음속에 잊지 못할 추억을 남겨 줘.

여의도 샛강생태공원에서 놀자

여의도 샛강생태공원에는 우리가 사는 곳에서는 볼 수 없던 잠자리, 나비, 무당벌레 등의 곤충과 부들, 나팔꽃, 조밥나무 등의 식물, 그리고 토끼, 흰뺨검둥오리 등의 동물이 있어. 무심히 풀잎을 보다 풀잎에 뽀글뽀글 거품이 일어 의아했어. 가만히 살펴보니 거품 속에서 벌레가 꿈틀거리고 있었어. 그래, 거품벌레야. 책에서만 보던 것을 직접 보니까 너무 신기해, 언제까지나 그 이름과 생김새를 잊지 못할 거야. 연못가에는 노란 연꽃이 피어 있고, 물속에서는 물고기들이 떼를 지어 다니며 놀고 있었어. 무엇보다 환경을 훼손하지 않으려고 공원 안에 매점 등의 편의시설을 두지 않은 것이 인상적이었어. 덕분에 배에서는 꼬르륵~ 꼬르륵~

<곤충들과 하루> 모둠 김수현

우리 모둠은 여의도 샛강생태공원을 찾아갔어. 맑은 봄 날씨가 우리를 반겨 주는 것 같아서 내내 콧노래가 흘러 나왔어. 우리는 생태연못, 방개못, 미꾸라지늪 등을 돌며 관찰했어. 마루다리와 관찰로를 따라 구석구석 돌며 많은 식물과 물고기들을 보았는데, 특히 여러 종류의 나비를 볼 수 있어서 좋았어.

<곤충들과 하루> 모둠 이예원

월드컵공원은 서울시 마포구 상암동 월드컵경기장 옆 난지도에 조성된 공원으로 2002년 5월 1일에 개장했어. 월드컵공원은 2002년 한·일 월드컵대회를 기념해 만든 공원이야. 이곳은 15년간 약 9,100만 톤의 쓰레기를 매립하던 곳이었지만, 지금은 습지와 꽃밭, 연못, 요트장, 흙길 마라톤 코스 들을 갖춘 생태공원으로 다시 태어났어.

난지도의 역사

난지도는 철따라 온갖 풀과 꽃이 만발하던 아름다운 섬이었어. 물이 맑고 깨끗해 새들의 먹이라 할 수생동식물이 풍부하고, 겨울이면 고니 떼와 흰뺨검둥오리 등 수만 마리의 철새가 날아드는 자연의 보고였어. 꽃섬이라고도 하고 오리섬이라고도 해.

정선의 〈금성평사〉

조선 후기의 대표적인 지리서 〈택리지〉는 난지도가 좋은 풍수 조건을 가진 땅이라고 적고 있어. 강을 타고 굽이굽이 바닷물이 거슬러 오는 길목에 굵고 단단한 모래로 다져진 땅이 사람이 살기에 좋은 곳이래. 또 그런 땅에서 솟는 물이 사람에게 좋다고 해.

난지도는 땅콩과 수수를 재배하던 밭이 있는 평지였어. 지대가 낮아 홍수로 집이 물에 잠기는 아픔을 겪기도 했지만, 학생들의 소풍이나 청춘남녀의 데이트 장소로 사랑받았고, 영화 촬영장으로 이용되는 아름다운 섬이었어. 한 세대 전까지만 해도 난지도는 꽃으로 가득했고, 먼 길을 날아온 새들이 쉬어 가는 곳이었어. 그런데 서울의 급격한 도시화 과정에서 쓰레기 매립장이 되어 버렸어. 이후 1993년까지 15년간 생활 쓰레기, 건설 폐자재, 산업 폐기물 등 약 9,100만 톤의 쓰레기가 이곳에 매립되었다고 해. 그래서 봉우리 없는 쓰레기산이 2개 만들어졌어. 노을공원에는 94미터 높이의 쓰레기가, 하늘공원에는 98미터의 쓰레기가 쌓여 있었다고 해.

월드컵공원 안에 또 공원이 있어

평화의 공원

월드컵공원의 대표 공원으로 월드컵 경기장 남쪽에 자리 잡고 있어. 이름에서도 알 수 있듯이 '평화'를 기원하는 공원이야. 미래 지향적 열린 광장을 뜻하는 유니세프 광장이 있고, 자연의 아름다움을 그대로 담은 7,400평의 난지연못에는 정화 능력이 뛰어난 수생식물들이 살고 있어. 난지연못에서는 물놀이도 할 수 있고, 연못 안쪽의 생태습지에서 미꾸라지, 피라미, 붕어와 부들 창포 들을 볼 수 있어. 생태습지 옆 희망의 숲에는 생명의 나무 1,000만 그루가 심어져 있어. 수변데크가 난지연못을 둘러싸고 있어서 난지연못을 더 잘 볼 수 있어. 4, 5월이면 난지연못 앞 광장에서 야회 음악회를 열기도 해.

하늘공원

월드컵공원 중 하늘에 가장 가까운 공원이야. 하늘공원에는 북한산, 남산, 한강 등 서울의 풍경을 한눈에 내려다볼 수 있는 전망대가 있어. 민들레, 토끼풀, 구설초 등 동식물의 서식지가 될 풀밭이 펼쳐져 있고, 2000년부터 3만 마리가 넘는 나비를 풀어 놓아

자연스러운 생태계가 만들어지도록 했어. 5, 6월이면 띠가 9, 10월이면 억새가 꽃을 피워. 하늘 계단을 따라 올라갈 수도 있고 산책로를 따라 올라갈 수도 있어. 가다 가다 바람개비처럼 씽씽 도는 풍력발전기를 보게 될지도 몰라.

하늘공원에서 어떤 일이 있었을까?

하늘공원은 난초와 지초가 자라고 철따라 온갖 꽃이 피어 있어서 '꽃섬'이라 불리기도 했어. 김정호의 〈경조오부도〉나 〈수선전도〉에는 꽃이 피어 있는 섬이라는 뜻의 '중초도'로 기록되어 있어. 또 오리가 물에 떠 있는 모습과 비슷하게 생겼다 하여 '오리섬' 또는 '압도'라는 이름으로 불리기도 했어. 난지도는 망원정 부근에서 한강과 갈라진 난지 샛강이 행주산성 쪽에서 다시 합쳐지면서 생긴 섬이야.

노을공원

노을공원은 시민들이 자연의 운치를 한껏 느끼며 산책도 하고, 운동도 할 수 있는 멋진 공원이야. 진입 광장은 넓은 잔디밭으로 시민들의 휴식처와 운동 공간으로 활용되고 있어. 바람의 광장이랑 노을 광장은 서해의 아름다운 석양을 즐길 수 있도록 개방되었어. 또한 생태관찰공원과 야생화 단지는 야생동물의 서식처가 될 거야.

난지천공원

난지천공원은 불광천, 홍제천, 난지천, 향동천 등 한강의 작은 물줄기들이 만나는 곳에 있어. 오염되었던 개천을 살아 있는 자연 하천으로 복원해 물고기와 새 떼가 찾아드는 곳으로 만들었어. 난지연못에서 하루 5,000톤의 물이 하천으로 흘러들고, 갈대와 버들이 우거진 자연 생태공원이기도 해. 자전거도로가 있는 산책로를 따라가다 보면 오리연못과 잔디광장이 있고, 장애인과 노인, 청소년을 위한 여가 및 운동 시설도 이용할 수 있어. 겨울에는 눈썰매를 타러 가도 좋아.

난지한강공원

난지한강공원은 하천의 자연적인 아름다움에 시민 이용 시설을 조화시킨 공간이야. 상류 쪽에는 유람선 선착장, 요트장, 캠핑장 들이 있고, 중앙에는 운동장, 잔디마당이 있어. 하류에는 생태공원이 만들어져 있어. 한강의 명소들 사이사이를 잇는 유람선은 월드컵경기 등 국제 규모의 대회가 열릴 때 훌륭한 교통수단이 돼. 이곳에서는 야영도 할 수 있어!

월드컵공원에서 놀자

　5월에 찾은 월드컵공원은 파릇파릇하게 돋아난 새잎들이 나뭇가지를 온통 감싸고 있었고, 유난히 날씨가 맑아 하늘공원 꼭대기에서 서울의 모습을 뚜렷하게 볼 수 있었어. 월드컵공원에는 평화의 공원, 하늘공원, 노을공원, 난지천공원, 난지한강공원이 있는데, 모두 쓰레기 매립지를 공원으로 만든 곳이라고 해. 지금은 야생 동식물이 살고, 사람들에게 사랑받는 공간이 되었어. 하늘공원에 올라서면 군데군데 서 있는 풍력발전기를 볼 수 있어. 바람을 이용해 전기를 만들어 내는 월드컵 공원의 상징물이야. 하늘공원의 279개 계단을 오르면서 멀리 보이는 서울의 경치를 감상하기도 했어. 월드컵공원의 넓은 호수에는 청둥오리들이 무리 지어 지나가고, 호수 주변에서는 인라인스케이트와 자전거를 타는 사람들을 볼 수 있었어. 월드컵공원을 다녀와 보고서를 쓰면서 우리는 쓰레기에 대해 생각했어. 앞으로는 환경문제에 더 많은 관심을 가지고, 쓰레기가 많이 생기지 않도록 노력해야겠어. 학교와 집에서 분리수거도 열심히 하고. 쓰레기가 줄어들면 이렇게 우리가 놀 수 있는 곳이 지구상에 늘어날 테니까.

<환경 신호등> 모둠 윤원호

특별한 나의 하루
1 뚝섬

뚝섬 유원지는 광진교와 중랑천교 사이의 강변북단에 있어. 공원 안에 지하철역이 있어 보다 쉽게 공원에 갈 수 있어. 한강공원이 만들어지기 이전부터 강변 유원지로 유명했어. 조선시대에는 관마를 기르던 곳이었으며, 지금은 수영장과 인공암벽 등 각종 레저 시설을 고루 갖춘 시민들의 휴식처야.

뚝섬에서는 어떤 일이 있었을까?

뚝섬을 '살곶이벌'이라고도 해. 조선 초기 '왕자의 난' 이후 함흥에 있던 태조가 서울로 돌아온다는 소식에 태종은 뚝섬으로 마중을 나갔어. 그런데 태조는 아들을 보자마자 화가 치밀어 태종에게 화살을 쏘았다고 해. 살곶이벌이란 말은 이 고사에서 연유된 거야.

도시화 이전에 뚝섬은 한강의 하천 항구로, 근교농업지로 유명했어. 한강 수운의 쇠퇴로 항구로서의 기능을 상실하자, 한강변은 유원지로 조성되었어. 1950년대 후반 이래 공장이 건설되며 도시화가 진행되었고, 1960년대에는 뚝섬지구 일대의 도시화가 더욱 가속화 되어 대규모 주택단지와 상가단지가 형성되었어. 현재 뚝섬 서부지구 성수동은 서울의 대표적인 공업지역 중 하나야. 흔히 뚝섬이라 할 때는 뚝섬유원지와 성수동 공업지대를 말해. 1989년까지는 이곳에 경마장이 있었어. 뚝섬선착장에서 여의도와 잠실 사이를 운항하는 유람선을 탈 수 있어. 서울 시민뿐 아니라 외국인 관광객들도 한강의 아름다운 풍경을 보기 위해 이곳을 찾고 있어.

뚝섬의 변천사

지금 뚝섬은 서울숲이 조성되어 도심 속에서 자연을 느끼며 운동도 하고, 여러 동식물과 친구도 할 수 있는 자연학습장이자 공원으로 이용되고 있어.

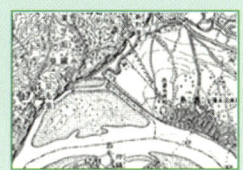
고려시대

고려시대에는 동교라 불렀어. 호랑이가 나타나 사람들이 피해를 입자 강감찬 장군이 무찔렀다는 이야기가 전해 내려오고 있어.

조선시대

조선시대에는 임금이 사냥을 하고 무예를 검열하던 곳이었어. 도성 주민들이 가무를 즐기던 곳이기도 해.. 살곶이 다리를 건너 충북과 경상도 지방으로 왕래했어.

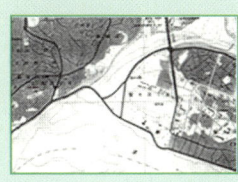
근대

1908년에 서울시 최초로 뚝도 정수장이 준공되고, 1940년대에 유원지로 조성되었어. 1989년에는 유형문화 제72호 수도박물관으로 지정되었어.

뚝섬 따라잡기

뚝섬유원지

뚝섬은 여름철에 바닷가로 피서를 떠날 수 없는 서울 시민들이 찾아와 물놀이도 하고, 백사장에서 여름을 즐기던 곳이야. 오랫동안 서울에 산 사람들은 지금도 그때를 기억하고 있어.

수세소

조선 효종(1649 - 1659) 때 수세소를 설치했어. 이곳은 강 상류에서 내려오는 목재를 운반하고, 강 하류에서 올라오는 물물을 이동하는 항구였어. 조선 후기 경강상인이 활발히 활동했던 곳이기도 해. 현재의 강남구와 청담동 사이를 왕래하던 곳으로 개인 소유의 선박들이 많이 정박해 있었어. 주로 고추, 마늘 등 야채와 곡물, 목재 등이 집합하는 곳이었다고 해.

뚝섬나루

뚝섬 선착장 부근에 있던 나루터로 독백이라고 했어. 조선 후기에는 한강 상류에서 목재를 물길로 운반했는데, 나라에서는 공사를 막론하고 1/10세를 받았어. 일제강점기에는 이곳 주위에 재목이나 땔감을 전문으로 취급하는 점포만 40여 호가 넘었다고 해. 조선 초기에는 경상도와 강원도를 오가는 세곡선을 관리했고, 조선 후기에는 강원도에서 오는 목재가 하역되던 곳이라 관리를 파견해 세금을 징수하기도 했어.

옛날 한강에는 어떤 나루터들이 있었을까?

광나루 조선시대에는 이곳 광나루가 남쪽 지방으로 가는 길목이었어. 배를 타고 한강을 건넌 후 광주를 거쳐 남쪽 지방으로 갈 수 있었거든. 그러니까 이 나루는 강원도와 남쪽 지방으로 가는 사람들이 주로 이용했던 곳이야. 광나루는 버드나무가 많고, 풍경이 아름다워 시인들이 찾아와 흥을 돋구곤 했어. 조선시대에는 사람들이 많이 왕래하는 큰 나루였으나 세종 때 삼밭나루가 개설되면서 광나루의 기능이 약화되었어. 조선 후기에는 송파나루가 번성해 그 기능이 더욱 작아졌지. 철새들의 서식처이기도 하며 근처에 암사동 선사주거지 등 많은 문화 유적지가 있어 자연과 문화가 조화를 이루는 곳이야.

삼밭나루 지금의 잠실운동장 부근에는 조선시대에 만들어진 삼밭나루가 있었어. 세종 21년에 만들어진 이 나루터는 그 당시 지역의 이름을 딴 것이라고 해. 삼밭나루는 도성에서 출발해 충주, 여주, 강릉 등 전국으로 나아갈 수 있는 길목이었기 때문에 많은 사람들로 붐볐어. 또한 세종이 한강을 건너 대모산 기슭에 있는 아버지 태종의 릉을 참배하러 가는 길목이기도 했어. 중종 31년(1536)에는 수백 척의 배를 띄워 배다리를 만들었던 곳이야. 그러나 조선 후기에는 사람의 왕래가 점점 줄어들어 쇠퇴해 갔어. 병자호란 때 청나라에 패배당하고 난 후 세운 삼전도비 때문에 사람들이 통행을 기피했다고 해.

송파나루 석촌 호수 부근에 자리했던 나루로서 조선 후기 병자호란 이후부터 삼밭나루를 대신해 광주, 이천으로 통하는 길목 역할을 담당했어. 이 나루에는 9척의 나룻배가 있었다고 해. 송파나루는 조선시대 전국 10대 상설시장의 하나로 꼽힐 만큼 전국의 상품들이 모였던 곳으로 교통의 중심지였어. 하지만 자동차 등 교통수단의 발달로 송파시장이 쇠퇴하고, 1960년대 말 강남지역의 개발로 샛강이 매립되고 교량이 세워짐에 따라 나루터의 기능은 사라지게 되었어.

한강진나루 옛날에는 한강진나루를 '한강도'라고 했고 신라 때는 '북독'이라고 불렀대. 이곳은 서울에서 용산·충주로 통하는 큰길의 요충지여서 사람들이 많이 드나드는 곳이었어. 예전에는 서울 남산 남쪽 기슭인 지금의 한남동 앞의 강을 한강이라 하고, 이곳의 나루를 한강도라 했대. 오늘날 한강은 시작되는 지점에서부터 물줄기의 끝까지로 인식되고 있지만, 조선시대에는 이곳을 한강이라 했어. 도성에서 남소문을 나서면 바로 한남동의 한강마을이었기 때문에 수도를 지키는 매우 중요한 곳이었지. 조선 후기에는 군사적으로도 중요한 지점이어서 이곳에 진을 설치해 관리했대.

노들나루 백로들이 많이 날아와 '노들'이라고 불렸던 노들나루에 1900년 한강 최초의 다리인 한강철교가 건설되었어. 이 길목은 시흥, 수원은 물론 충청도, 전라도로 통하는 대로로서 중요성을 인정받았어. 지금은 큰 다리가 놓이고 노량나루가 있던 곳에 노량진 수원지가 자리 잡고 있어 옛 정취를 찾아볼 수 없어. 상류의 광나루와 함께 별감을 배치해 서울을 출입하는 사람들을 살피고, 군사를 주둔시켰던 나루로서 사람들의 왕래가 잦았던 곳이야. 연산군 때는 이곳의 나루를 제외한 한강의 모든 나루를 봉쇄하기도 했대.

마포나루 삼개나루라고 불리던 마포나루는 도성의 서쪽에 있었어. 나루터에는 주로 상선들이 몰려 있었으며, 나룻배도 개인의 배가 많았어. 예로부터 마포나루에 새우젓을 파는 사람들이 많아서 '마포 새우젓 장수'라는 애칭으로 오늘날까지도 많은 사람들에게 전해지고 있어.

양화나루 서울시 마포구 합정동에 있던 양화나루는 '양화도'라고도 했으나 서울에

서 양천을 지나 강화로 가는 조선시대 교통의 요충지였어. 조선 초기에 바닷물이 용산까지 밀려와 한때는 용산이 으뜸가는 나루였으나, 한강의 수위가 점차 낮아져서 큰 배가 용산까지 못 들어오자 양화진이 교통의 요충지로 번창했대. 이 지역은 한강 가운데에서도 가장 경치가 아름답고 정자가 많았던 곳인 반면, 개화사상의 선각자 김옥균이 처형되고, 천주교가 처음 우리나라에 유입될 때 많은 신자들이 처형된 곳으로 역사적으로 유서가 깊은 곳이야.

공암나루 공암나루는 한강변의 나루터 중에서 가장 아래쪽에 위치한 나루로서 강화도 방향으로 가는 사람들이 주로 이용했어. 강 건너에는 고양시가 보이고 광주암이라고 부르는 바위섬이 물 가운데에 있어 기이했어. 공암나루는 한강의 나루 중 크기가 작아 양화나루 아래 속해 있었어. 공암나루에 배가 드나들던 풍경은 다시 볼 수 없으나 광주바위를 중심으로 조성된 구암공원이 가까이 있어 명소가 되었어. 강화도 방향으로 가는 사람들이 주로 이용했어. 강 건너에는 고양시가 보이고 광주암이라고 부르는 바위섬이 물 가운데 있어 기이한 풍경을 이루고 있지. 공암나루는 한강의 나루 중 크기가 작아 양화나루 아래 속해 있었어. 공암나루에 배가 드나들던 모습은 사라졌지만, 광주바위를 중심으로 조성된 구암공원이 인접해 있어 문화적인 명소가 되었지.

2. 서울숲

서울숲은 2004년 공사를 시작해 만든 푸른 도시 가족 공원이야. 옛날에는 임금의 사냥터였다고 해. 1908년에 설치된 서울 최초의 상수원 수원지이고, 경마장과 골프장으로 활용되기도 했어. 지금은 온갖 나무와 풀이 우거지고 호수가 있는 도시의 숲으로 새 옷을 갈아입어 서울 시민과 함께하는 문화 공간이 되었어.

서울숲 광장에 들어서면 금색과 녹색의 은하수 조명이 정말 멋있어. 그리고 공원의 산책길 옆에 있는 군마상에도 노란색 조명을 비춰 한층 더 아름다운 분위기를 만들고 있어. 거울연못 주변에도 조명이 설치되어 서울숲은 그야말로 환상적인 빛의 공원이라 할 수 있어.

뚝섬 문화예술공원

광장, 야외무대, 수변 휴게실, 숲속 놀이터, 물놀이터, 인공 연못 등이 있어 시민들이 이런저런 여가 활동을 즐길 수 있어. 문화, 예술 체험도 가능해. 어린이에서 노년층까지 다양한 사람들이 자유롭게 이용할 수 있도록 시설 및 공연 프로그램을 다채롭게 구성해 놓았어.

바닥분수는 무더운 도심의 여름을 시원하게 날려 버릴 수 있는 공간이야. 시민들은 분수 주변에 걸터앉아 더위를 식히고, 아이들은 바닥에서 뿜어져

바닥분수

장식화단

거울연못

야외무대

산책로

스케이트 파크

나오는 분수를 맞으며 즐거운 시간을 보내. 거울연못은 호기심을 자극해. 줄지어 선 나무들이 호수에 비춰져 하늘과 땅, 나무가 어우러진 새로운 풍경을 연출해. 봄이 오면 서울숲 산책로의 파릇파릇 녹색 식물들이 사람들을 반겨 줘. 야외무대에서는 작은 음악회가 열리고 자유롭게 잔디밭에 앉아 가볍게 몸을 흔들다 보면 숲의 향과 함께 음악의 아름다움에 빠지게 될 거야. 스케이트 파크에서 인라인스케이트도 탈 수 있어. 인라인스케이트 교실이 열리기도 해서 처음 인라인스케이트를 배우는 사람들은 도움을 받을 수 있어.

생태숲
이곳 생태숲에는 야생동물이 서식할 수 있는 숲이 있어. 꽃사슴, 고라니, 다람쥐 들이랑 친구해 볼까? 겁을 먹을 수 있으니까 조심해야 해!

습지생태원
습지생태원은 인공 저수지를 이용해 만들었어. 생태학습장, 환경놀이터, 야외 자연교실, 조류관찰대, 습지초화원, 정수식물원 등의 시설이 있어.

자연체험학습장

정수장을 재활용해 만들었어. 체험학습 프로그램이 다양해. 이곳에는 갤러리 정원, 곤충식물원, 이벤트 마당, 지킴이 숲 등이 있어.

한강수변공원

한강공원은 자연 그대로의 하천을 유지하고 있으며 시민들의 여가 활동 공간으로 만들어져 있어. 보행전망교를 통해 서울숲과 연결되어 있는데, 보행전망교를 따라 걸으면 시원한 강바람과 함께 서울 시민들을 만날 수 있어. 친구와 함께 자전거 도로에서 바람을 맞으며 자전거를 타는 것도 좋겠지.

서울숲에서 놀자

우리는 수업이 끝나자마자 학교 놀이터에서 만나 지하철로 서울숲까지 갔어. 서울숲은 처음 가 보았는데, 생각보다 굉장히 넓었어. 숲 하나를 그대로 옮겨 놓은 듯했어. 우리는 먼저 곤충박물관으로 갔어. 곤충박물관에서 다양한 곤충들을 보고 식물박물관에서 평소 볼 수 없던 식물들을 보았어. 박물관에서 나와 고라니를 찾아 먹이를 주려는데, 고라니 얼굴이 손에 닿아 간지러웠어. 하지만 먹이를 먹는 고라니의 큰 눈을 보고 있으려니까 흐뭇했어. 만화 속 주인공이라도 된 것 같았어. 분수대로 가는 길, 크고 작은 물고기가 우리를 졸졸 따라오고 있었어. 서울숲 가운데에는 아이들이 뛰어놀 수 있는 놀이터가 있어. 모양도 다양한 미끄럼틀과 계곡 일부분을 떼어다 놓은 듯한 물놀이터에서 우리는 시간 가는 줄 모르고 놀았어. 그런데 편의점에서 파는 라면이 너무 비싸서 엄마의 김밥이 더 맛있고 소중했어. 도시락이 없었으면 배가 고파 엉엉 울었을 거야. 서울숲 탐방을 마치고 집으로 향하며 다음에는 가족과 함께 와야겠다고 생각했어.

<푸른 숲! 행복한 우리> 모둠 공감혁

뚝섬역에서 내려 서울숲으로 갔어. 서울숲 앞쪽에 있는 분수대를 보자 놀고 싶었어. 하지만 다른 곳을 구경하고

시간이 남으면 놀기로 하고 곤충 박물관을 찾았어. 거미, 장수풍뎅이, 사슴벌레 등을 볼 수 있었어. 고라니를 보러 가기 전에 서울숲 놀이터에서 조금 놀았어. 사다리들과 복잡하게 생긴 미끄럼틀 사이를 뛰어다녔어. 고라니를 만나 직접 먹이를 주었는데, 처음에는 조금 무서웠지만 맛있게 받아 먹는 고라니가 귀여웠어. 서울 한가운데 있는 크고 좋은 공원에서 친구들과 뛰어놀기도 하고, 보기 드문 곤충들과 동물을 만나고 왔다는 게 아직도 신기해. 친구랑 싸워서 심심할 때 서울숲에 가면 혼자라도 재미있게 놀 수 있을 것 같아.

〈푸른 숲! 행복한 우리〉 모둠 이푸름

우리는 학교를 마치고 버스로 당산역까지 가서 지하철을 타고 서울숲에 갔어. 곤충박물관에서 여러 가지 나비와 곤충을 보았는데, 그중에서 가장 예쁜 나비의 모습을 그림으로 남기고, 식물박물관으로 발걸음을 옮겼어. 가시가 많은 선인장은 정말 따가워 보였지만, 식물관 안에 갇혀 있는 모습이 좀 답답해 보였어. 고라니에게 먹이를 줄 때는 손이 간지럽고 재미있었어. 분수대로 가는 길에 호숫가에서 여러 가지 빛깔의 물고기들을 보았어. 숲속 놀이터에서는 친구들과 나란히 사다리를 타고 즐겁게 놀았어. 저녁이 될 무렵 노을 진 서울숲은 더욱 멋졌어. 분수 근처 주변의 조각상들도 더 활기차 보였어. 친구들과 함께한 서울숲은 정말 즐거웠어. 오래오래 기억에 남을 것 같아.

〈푸른 숲! 행복한 우리〉 모둠 황승범

특별한 나의 하루
청계천

본래 자연 하천이었던 청계천은 서울의 한복판인 종로구와 중구의 경계를 흐르는 길이 3,670미터, 너비 84미터의 큰 하천이야. 북악산, 인왕산, 남산으로 둘러싸인 서울 분지의 모든 물이 여기에 모여서 동쪽으로 흐르다 왕십리 밖 살곶이다리 근처에서 중랑천과 합쳐져 서쪽으로 흐름을 바꾸어 한강과 만나. 청계천은 조선시대에도 하천의 범람을 막고 하천물을 편리하게 이용하기 위해 많은 노력을 기울였던 곳이야. 1930년대부터는 청계천을 덮어 땅으로 이용하게 되었고, 1970년대에는 청계고가도로가 완공되었어. 하지만 청계고가도로는 환경오염 및 노후화에 따른 안전문제로 철거되고 2005년에 환경공원으로 다시 태어났어.

청계천의 우여곡절

조선시대보다 더 먼 옛날, 청계천은 자연 그대로의 하천이었어. 서울은 사방이 산으로 둘러싸여 있어 지대가 낮은 도성 한가운데로 물길이 모일 수

밖에 없었어. 청계천은 도심 한가운데 위치하고 있었으며, 주변에 시전 행랑과 민가가 모여 있어서 비가 많이 오는 여름이면 집이 침수되거나 다리가 유실되고, 익사자가 발생하는 일이 자주 일어났어. 따라서 조선 초기에 도성을 새로 건설하고 배수를 위한 물길을 만드는 일은 매우 중요하고 큰 사업이었지. 태종 때부터 개천에 대한 정비가 본격적으로 시작되었고, 그 후대에까지 개천 공사에 많은 노력을 기울였어. 태종 때의 개천 공사가 주로 큰 물길에 대한 정비였다면, 세종은 작은 물길의 정비에 많은 노력을 기울였어. 또한 청계천이 조선왕조 500년 동안 도성에서 배출되는 많은 생활 쓰레기를 씻어내는 하수도로서 기능함으로써 도성 전체를 깨끗하게 유지할 수 있었어.

일제강점기에 청계천은 여러 가지 면에서 이전과는 많이 달라졌어. 무엇보다 '개천'이라는 이름 대신에 '청계천'이라는 이름으로 불리기 시작했어. 조선시대 '북촌'과 '남촌'의 경계 지점이었던 청계천은 일제강점기에 민족의 거리로 불린 '종로'와 왜인들이 주로 마을을 이루었던 '혼마찌'의 경계선이 되었고, 이것은 곧 조선인들과 일본인들 사이에 보이지 않는 차별의 선이 되었어.

일제강점기에 조선은 청계천을 제대로 정비할 수 없었기 때문에 대한제국 이후 10여 년 동안 계속 방치되었어. 맑은 물이 흐르던 청계천은 일본이 탁계천(더러운 물이 흐르는 시내)이라 비웃을 만큼 더러운 하수구로 전락했어. 일본이 청계천을 정비하기 시작한 것은 1918년 무렵이

었는데, 조선총독부를 비롯해 조선의 식민 지배를 위한 중요한 기관을 청계천 이북으로 이전하기 위해서였어. 1945년 해방 즈음에 청계천은 토사와 쓰레기로 뒤덮여 있었어. 이후 한국전쟁으로 피난민들이 청계천 주변에 정착해 판잣집을 짓고 살았어. 천변을 따라 어지러이 늘어선 판잣집들과 오수로 청계천은 더욱 빠르게 오염돼 갔어.

청계천 문제를 해결할 수 있는 손쉽고도 유일한 방법은 청계천을 덮어 버리는 거였어. 1958년부터 복개 공사가 진행되면서 청계천은 예전의 모습을 잃고 말았어. 판잣집이 헐리고 현대식 상가 건물이 들어섰으며 토사와 쓰레기, 오염된 물이 흐르던 하천은 아스팔트 도로로 탈바꿈했지. 그래서 청계천은 서울에서 가장 복잡하고 시끄러운 곳이 되었어. 그 후 2005년 10월 1일, 47년간 어둠 속에 묻혀 있던 청계천이 복원 공사를 통해 다시 태어나게 된 거야.

청계천의 다리

모전교 청계광장을 지나 첫 번째로 만날 수 있는 다리야. 과일을 파는 상가를 모전이라 하는데, 그 옆에 있던 다리라서 붙은 이름이야.

광통교 총 22개의 다리 중 가장 눈에 띄는 다리야. 이름처럼 길이보다 폭이 더 넓은 다리야. 마름모꼴로 기둥을 세웠는데, 이것은 물의 양이 많아졌을 때 물과 기둥의 마찰력을 줄여서 유속을 빠르게 하려는 선조들의 지혜야. 전해 내려오는 이야기에 의하면, 이방원이 왕이 된 후 계모였던 신덕왕후의 무덤 터에 있던 돌을 옮겨와 많은 사람들이 밟고 다니는 다리로 만들었다고 해. 조선시대 무덤에 있던 돌들이 지금 광통교의 받침돌이 되었다니 신기해.

장통교 장통교 아래에는 타일로 표현한 '정조대왕 능행반차도'가 있어. 세계 최대 규모라고 해. 정조는 왕이 된 후 아버지 사도세자의 묘지를 수원 화성 근처로 옮기고 어머니 혜경궁 홍씨를 모시고 벽화에서처럼 많은 사람들을 데리고 열세 차례나 화성에 다녀왔대. 정조의 효심과 왕권 강화에 힘쓴 모습을 느낄 수 있는 그림이야.

수표교 나무로 만든 다리야. 현재 장충단 공원에 있는 것을 나중에 복원하기 위해 임시로 설치해 놓았어. 수표라는 이름은 청계천의 물 높이를 재기 위해 세종 23년에 이곳에 수표를 설치했기 때문이야. 수표교는 광통교와 함께 청계천을 사이에 두고 북촌과 남촌을 연결하는 다리였어. 또한 왕의 행렬이 있던 주요 통로이기도 했지. 숙종과 장희빈이 처음 만난 곳이 이 다리래.

버들다리 다리 가운데에 아주 큰 동상이 하나 있어. '아름다운 청년 전태일'

의 동상이야. '근로기준법을 준수하라!'는 외침과 함께 불속으로 몸을 던져 노동자들의 처지를 세상에 알리고, 우리나라 노동 운동의 불씨가 되었다고 해.

오간수교 성벽에 뚫은 오간수문의 자리에 설치된 다리야. 오간수문은 청계천의 물이 도성 밖으로 흘러가도록 성벽에 뚫은 다섯 칸의 수문을 말해. 한양 도성의 동쪽 출입문인 흥인지문에서 남쪽으로 이어지는 성벽이 지금의 오간수교가 있는 곳까지 이어져 있어. 그래서 다시 만든 오간수교의 난간이 성곽 모양을 하고 있는 거야. 각 수문에는 사람들이 몰래 드나들지 못하도록 쇠창살이 설치되어 있었다고 해. 다리 아래에는 오간수교의 옛 모습을 담은 사진과 〈준천시사열무도〉가 있고, 그 건너편 벽에는 〈영조어필〉, 〈준천가〉가 있어.

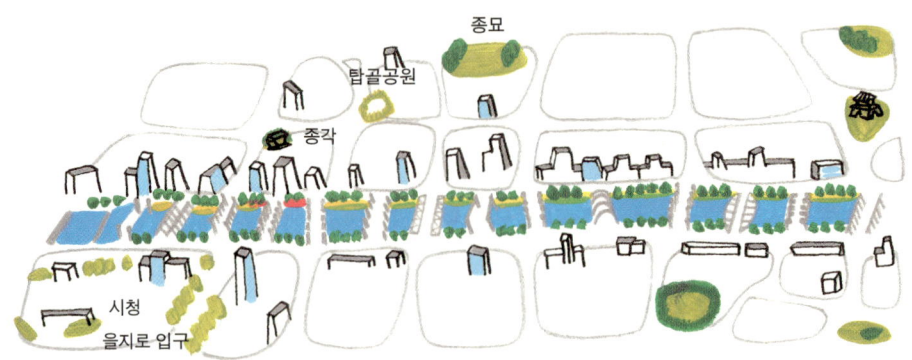

청계천 복원 구간

청계팔경

청계천에는 역사, 문화적으로 가치가 높아 꼭 봐야 할 8개의 명소가 있어. '청계팔경'이라고 하는데, 어떤 곳일까?

청계광장

청계광장은 빛과 물의 만남으로 밤에 더 아름다워. 분수대 아래 하루 6만 5,000톤씩 떨어지는 2단 폭포는 보기만 해도 시원해. 팔도상징석에서 독도를 찾는 것도 재미있어. 청계천을 60미터로 축소해 만든 '청계 미니어처'에는 광섬유를 심어 놓아 밤에도 반짝반짝 빛이 나.

광통교

조선 태종 10년에 정동에 있던 태조의 비 신덕왕후의 무덤을 정릉으로 옮기고, 남은 묘지석을 거꾸로 쌓아 만든 다리야. 도성 최대의 다리로 어가와 사신의 행렬이 있던 주요 교통로야. 정월 대보름에는 다리 밟기와 연날리기를 하기도 했어. 줄여서 광교라고도 해.

정조반차도

가로 '30cm×세로 30cm'의 도자기 타일에 높이 2.4미터, 길이 192미터로 제작되었어. 흑백 목판으로 남아 있던 정조반차도는 1994년에 채색되어 규장각에 보관돼 있어. 정조반차도는 정조19년(1795년)에 어머니 혜경궁 홍씨의 회갑을 맞이해 아버지 장헌세자(사도세자)가 묻힌 현륭원에 다녀와 만든 8일간의 행차보고서야. 김홍도 감독 아래 김득신, 이인문, 장한종, 이명규 등 쟁쟁한 화원들이 그린 작품으로 문화적 가치와 예술성이 높아.

문화의 벽

인간과 자연의 상생과 조화를 주제로 오간수문 상류에 설치되어 있어. 청계천의 중심이 되는 상징적 공간으로 주변에는 패션 전문 상가가 즐비해. 동대문 의류시장 직물 소재의 색동벽과 현대 미술가 5인의 벽화 작품이 설치된 문화의 벽, 하천분수와 수변무대 등이 볼거리야. 조명 아래 패션 분수도 춤이라도 추듯 솟아오르며 장관을 연출해.

청계천 빨래터

옛 아낙네들의 애환이 담겨 있을 빨래터의 모습을 재현했어. 아낙네들은 빨래를 하고 옆에서 아이들은 멱을 감으며 놀았어. 청계천은 서민들의 생활 터전이었지. 충남 천안에서 옮겨 온 능수버들 열여섯 그루가 어우러져 한 편의 풍속화를 연출하고 있어.

소망의 벽

20,000여 명의 시민이 참가해 소망과 염원을 직접 쓰고, 그려 넣었어. 가로세로 10센티미터의 도자기 타일에 소망을 표현한 것으로 황학교와 비우당교 사이의 양쪽 벽에 50미터씩 설치되어 있어. 서울 시민은 물론 지방 광역시 도 이북도민, 해외동포 등 온 국민이 참여해 만들었어.

존치교각과 하늘물터

청계고가도로의 교각 중 일부를 철거하지 않고 남겨 두었어. 비우당교와 무학교 사이에 있어. 근대화의 상징 청계고가도로의 교각을 남김으로써 후대에 청계천 복원의 의미를 되새기기 위한 것이야. 5미터 높이의 석축 위에서 뿜어 나오는 물줄기가 조명과 함께 화려한 터널을 이루며 하천으로 떨어져 내려. 폭 50미터의 비우당 터널 분수에는 42개의 노즐이 설치되어 있고, 물줄기 분사 거리는 16미터에 이른다고 해.

버들습지

어류, 양서류, 조류 등 다양한 생물들의 서식 공간을 확보하기 위해 갯버들, 매자기, 꽃창포 등 수생식물을 심어 습지로 조성했어. 청둥오리와 흰뺨검둥오리, 중대백로, 황조롱이 등 새들과 메기, 버들치, 잉어, 피라미, 송사리, 미꾸라지 등 물고기들을 만날 수 있어. 그리고 이 지역은 조류보호구역으로 지정되어 있어.

청계천에서 놀자

우리는 청계천 상류에서 시작해 하류까지 길을 따라 내려왔어. 여러 다리가 있었지만 광교가 제일 멋있었어. 광교는 넓고 모양도 화려해 어떤 다리와도 견줄 수 없는 웅장함이 있었어. 그 다음으로 멋진 다리는 모전교야. '과일을 파는 다리'라는 뜻으로 선조들의 생활을 엿볼 수 있어. 수표교도 멋있었어. 수표교를 보면 백성을 생각하는 세종대왕의 마음을 볼 수 있어. 이렇게 아름다운 청계천이 냄새나고 지저분한 하천이었다는 것이 믿기지 않아.

<청계천 사랑> 모둠 김회찬

우리 모둠은 청계천을 조사해야 했는데, 비가 와서 회찬이 어머니의 설명만 듣고 왔어. 비 때문에 모전교부터 배오개다리까지밖에 못 갔어. 비가 와서 그런지 청계천을 따라 흐르는 물살이 힘이 있어 보였어. 조금 더 자세히 청계천을 조사하고 싶었는데 비 때문에 아쉬웠어. 하지만 우리와 함께 간 어머니께서 청계천의 다리에 대해 상세히 설명해 주셔서 이해가 잘 되었어. 다음에는 꼭! 청계천 구석구석을 다 보고 싶어. 체험학습에는 날씨도 중요하다는 사실, 잊지 말자!

<청계천 사랑> 모둠 조양호

우리가 청계천에 갔을 때는 비가 많이 왔어. 그래서 그냥 눈으로 보고 설명만 들어야 했어. 양호와 하천 쪽으로 내려가다 안전요원이 나타나 도망을 쳤어. 비 때문에 물이 많이 불어 있어서 위험해 보였나 봐. 비를 피해 다리 아래에서 쉬다 회찬이랑 종이배를 띄웠어. 청계천을 따라 떠내려가는 종이배를 보며 우리도 함께 따라가고 싶었지만, 돌이 미끄러울 것 같아 어디로 가는지 지켜보기만 했어. 비가 많이 와서 조사를 많이 못해 속상해.

<청계천 사랑> 모둠 이주호

우리 모둠은 청계천으로 조사하러 갔어. 그런데 비가 와서 비에 흠뻑 젖었어. 청계천이 도로로 덮여 있었다니 상상이 안 돼. 우리의 역사가 청계천처럼 흐르고 있고, 청계천 곳곳마다 이야기가 있었어. 청계천에 또 가게 되면 물속에서 놀고 있을 버들치, 송사리, 미꾸라지를 만났으면 해.

<청계천 사랑> 모둠 이규호

특별한 나의 하루
암사동 선사 주거지

지금으로부터 수천 년 전 서울에 살던 사람들의 모습과 생활은 어떠했을까? 선사시대 서울의 모습이 어떠했는지 타임머신을 타고 함께 여행해 볼까? 과거로 갈 때에는 지금과 다르다는 것을 꼭 기억해야 해. 여행하는 곳마다 우리도 옛날 사람이 되었다고 생각하고 주변을 잘 살펴봐.

신석기시대의 유적지

출입문을 들어서면 움집 너머로 한강이 흐르고 있어. 지금으로부터 약 6,000여 년 전, 신석기인들은 본격적으로 농사를 짓거나 가축을 기르지 않아 먹을 것을 쉽게 구할 수 있는 곳을 찾아야 했어. 그래서 물고기나 조개류 등 식량을 쉽게 구할 만한 강이나 바닷가에 터를 잡았어. 한강은 선사시대 사람들이 살기에도 좋은 곳이었을 거야. 1925년의 대홍수로 한강이 넘치

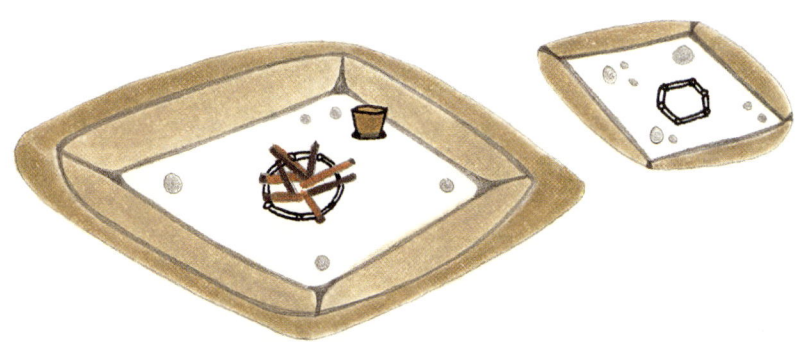

자 물살에 의해 땅속에 묻혀 있던 집터가 드러났어. 집터만 발견되어 구체적인 집의 모습을 알 수 없지만, 땅을 약간 파고 기둥을 세워 억새풀이나 나뭇가지 등으로 지붕을 엮었을 것으로 생각돼. 바닥에는 습기와 냉기를 막기 위해 흙을 다져 깔고 동물 가죽이나 짚을 깔았어. 방 한가운데에는 돌을 놓고 불을 피운 흔적이 있고, 출입구나 벽 쪽 집터의 중앙에는 구덩이를 파서 음식물을 보관하기도 했어. 이 시대의 냉장고 구실을 했던 저장 구덩이야. 당시 사람들은 나무 열매를 따거나 물고기, 작은 동물 등을 잡아먹었는데, 이때 여러 가지 돌로 만든 도구를 사용했어. 흙으로 만든 그릇도 사용했는데, 줄무늬(빗살무늬토기)가 새겨져 있었어.

유적지 안에는 유물 전시관이 있어서 당시 사람들의 생활 모습을 잘 알 수 있어. 하나하나 둘러보며 선사시대 사람들을 만나 봐.

제1전시관

제1전시관 한가운데에 움집터가 있어서 신석기인들이 어떻게 살았나 볼 수 있어. 신석기시대 사람들은 바닷가와 강 가까이에 살며 농경 및 수렵 생활을 했다고 해. 신석기인들은 동굴, 바위 그늘, 움집 등에서 살았어. 움집은 신석기시대의 주거지 중에서 가장 발전된 형태야. 여기서 발견된 곡식과 동물 및 물고기 뼈 등의 유적을 통해 신석기인들이 어떤 음식을 먹었는지, 어떻게 생활했는지 짐작할 수 있어. 특히 암사동 선사주거지에서는 도토리 유적이 발견되었지.

제1전시관에서는 신석기시대 사람들의 생활 모습을 그림으로 감상할 수 있어. 고기잡이, 음식 만들기, 옷 만들기, 토기 만들기, 열매 따기, 농사짓기, 사냥하기 등 신석기시대 사람들의 생활을 한눈에 볼 수 있어. 뼈로 만든 낚시 바늘, 작은 돌로 된 그물추, 돌로 만든 화살촉과 도끼 외에 다양한 도구들은 물고기 잡이와 사냥, 그리고 농사에 사용되었겠지? 암사동 선사주거지를 대표하는 유물이 무엇이냐고 묻는다면 빗살무늬토기라고 말할 수 있어. 빗살이란 머리 빗는 '빗'의 가는 '살'로 문양을 낸 것에서 따온 말이야. 빗살 문양을 내는 데에는 생선뼈나 동물 뼈를 사용했다고 해.

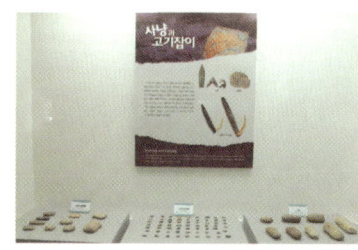

제2전시관

1999년에 원시생활전시관인 제2전시관을 만들었어. 이곳은 암사동 유적의 발굴 과정과 우리나라 선사시대 유물 및 모형을 전시하고 있어. 암사동 신석기인들의 농경, 수렵, 어로, 채집 생활 모형과 신석기시대 사람의 무덤을 볼 수 있어. 무덤은 발굴된 것은 아니고 모형이야. 그때 사람의 무덤을 보면 죽은 후의 세상이 또 있다고 생각했던 것 같아. 이때부터 사람을 묻는 풍습이 있었다고 해.

제2전시관에서는 빗살무늬토기를 어떻게 만들었는지 볼 수 있어. 빗살무늬토기의 종류가 매우 다양해. 빗살무늬토기 말고도 이 시대의 토기가 전시되어 있어. 제2전시관에서는 초기 청동기 문화에 대해서도 소개하고 있어. '토층'이란 시간을 달리해 쌓인 흙을 말해. 그중에서 인류 문화와 관계되는 토기 조각, 석기 및 집터의 흔적이 포함되어 있는 토층을 '문화층'이라고 해. 암사동 토층은 표면에서 3미터가량 두껍게 덮여 있고, 아래서부터 신석기시대 전·후기와 삼국시대에 해당하는 문화층을 이루고 있지.

움집복원실은 움집을 크게 확대해 신석기시대 사람들의 움집 생활 모습을 엿볼 수 있도록 만들어 놓은 곳이야. 영상실에서는 암사동 선사주거지 발굴 당시의 현황, 출토 유물과 선사시대의 문화에 관한 영상물을 감상할 수 있어. 2007년 2월에 만들어진 체험장에서는 유물을 직접 만져 보고 퍼즐 맞추기와 탁본 뜨기 등 여러 가지 재미있는 놀이를 할 수 있어. 기억에 남을 기념품도 만들 수 있어.

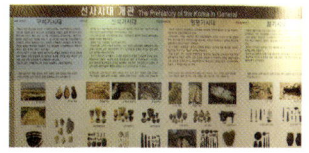

각 지역의 신석기 문화

남부지역의 신석기 문화 남부지역의 신석기 문화는 해안가나 도서지역에서 주로 발달했어. 조개더미 유적이 많이 나타났어. 빗살무늬토기보다 시대가 앞선 덧무늬토기가 거의 모든 유적에서 출토되고 있는 것이 특징이야.

동북지역의 신석기 문화 두만강 유역과 강원도 북부지역에서 나타나는 신석기 문화를 동북지역의 신석기 문화라고 해. 이곳에서는 열악한 환경 탓에 주술·신앙의 의미가 담겨 있는 동물 및 인물상의 조각품들이 비교적 많이 발견되었어.

동해 중부지역의 신석기 문화 신석기시대 문화가 동북지역, 중서부지역 및 남부지역과의 깊은 관계 속에서 형성되었음을 보여 주고 있어.

동아시아의 신석기 문화 우리나라와 일본, 중국의 신석기 문화를 알 수 있어.

야외 체험관

여기 복원된 움집 9기는 발굴한 곳에 2미터가량의 흙을 덮어 복원한 것들이야. 집터는 원형과 네 모서리를 약간 줄인 모양으로 지상에서 약 50~100센티미터 아래로 땅을 판 형태야. 움집에 들어가면 당시 생활상을 볼 수 있어. 신석기시대 사람들이 가족과 함께 화덕에 생선과 고기를 구우며 식사

를 준비하고 있어. 한쪽에는 도토리가 담긴 빗살무늬토기가 있어. 움집을 들여다보고 있으면 마치 그 시대의 사람이 되어 동물 가죽으로 만든 옷을 입고, 갈판과 갈돌을 이용해 요리를 하고, 창을 손질하고 있는 것같이 느껴져.

암사동 선사유적지에서 놀자

햇볕이 따뜻하고 맑은 날 우리들은 암사동으로 향했어. 암사동 선사유적지에 도착해서 돗자리를 깔아 놓고 풀밭에서 도시락을 먹었어. 선사시대 사람들의 모습은 어떠했을까 상상하며 움집으로 갔어. 움집 체험관에는 꽃에 대해 설명해 주는 녹음기가 있어서 그냥 지나치기 쉬운 신석기 유물과 신석기 사람들의 생활에 관해 자세히 알 수 있었어. 움집에서 나와 전시관으로 발걸음을 옮겼어. 전시관은 1, 2관으로 나누어져 있는데, 1관에는 신석기인들이 쓰던 물건이 전시되어 있고, 2관은 영화 감상실이야. 신석기인들의 물건들은 주로 단순한 모양의 돌과 흙으로 만들어졌어. 토기 모양은 신석기시대의 대표 토기인 빗살무늬토기였어. 책에서만 보던 것을 직접 보니 먼 옛날 조상들의 생활 모습과 신석기시대가 가깝게 느껴졌어. 전시관을 관람하고 나오다 커다란 타조알을 보았어. 선사시대에 살았다면 타조알을 가지고 무엇을 했을까 상상하며 암사동 선사유적지를

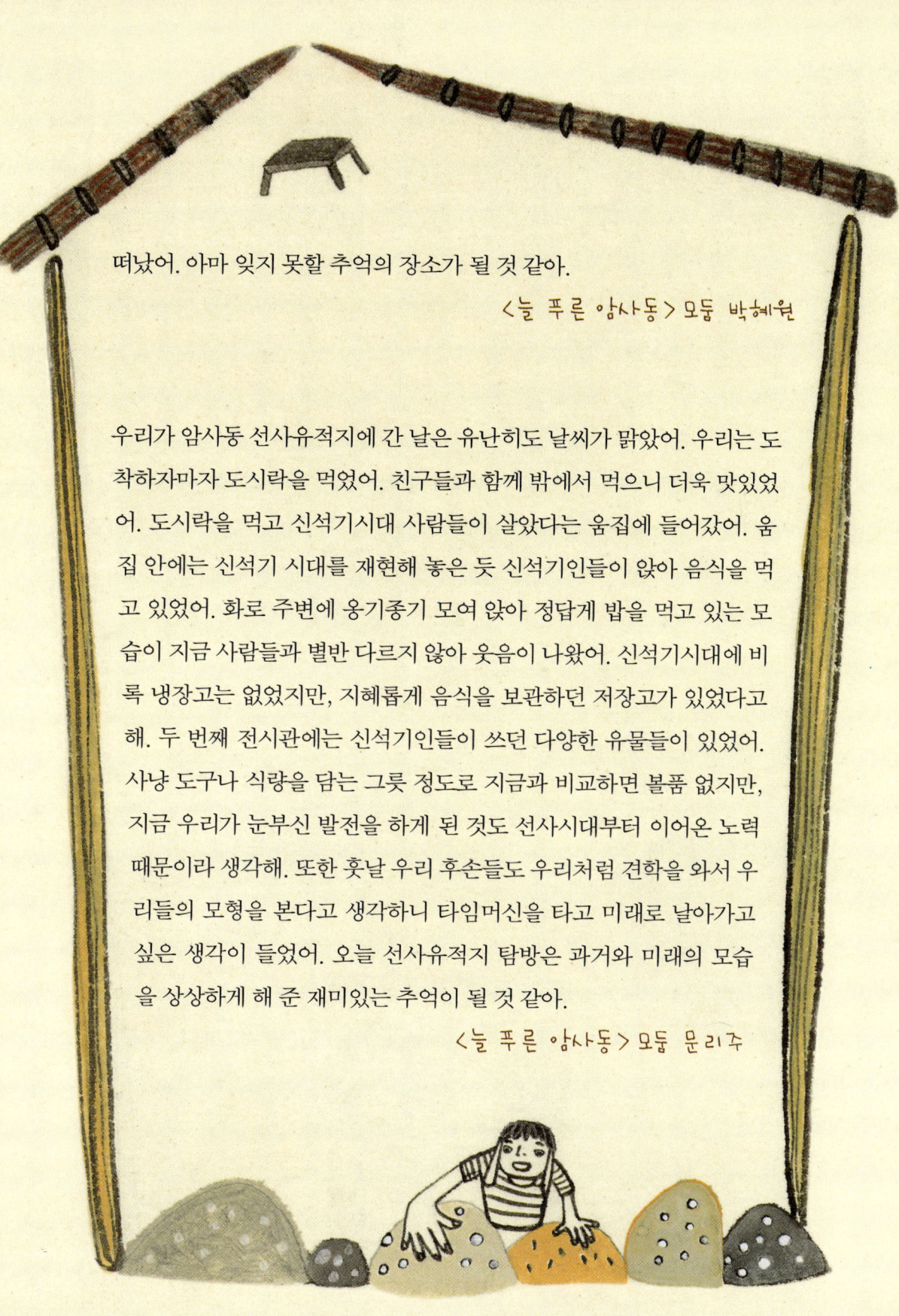

떠났어. 아마 잊지 못할 추억의 장소가 될 것 같아.

<늘 푸른 암사동> 모둠 박혜원

우리가 암사동 선사유적지에 간 날은 유난히도 날씨가 맑았어. 우리는 도착하자마자 도시락을 먹었어. 친구들과 함께 밖에서 먹으니 더욱 맛있었어. 도시락을 먹고 신석기시대 사람들이 살았다는 움집에 들어갔어. 움집 안에는 신석기 시대를 재현해 놓은 듯 신석기인들이 앉아 음식을 먹고 있었어. 화로 주변에 옹기종기 모여 앉아 정답게 밥을 먹고 있는 모습이 지금 사람들과 별반 다르지 않아 웃음이 나왔어. 신석기시대에 비록 냉장고는 없었지만, 지혜롭게 음식을 보관하던 저장고가 있었다고 해. 두 번째 전시관에는 신석기인들이 쓰던 다양한 유물들이 있었어. 사냥 도구나 식량을 담는 그릇 정도로 지금과 비교하면 볼품 없지만, 지금 우리가 눈부신 발전을 하게 된 것도 선사시대부터 이어온 노력 때문이라 생각해. 또한 훗날 우리 후손들도 우리처럼 견학을 와서 우리들의 모형을 본다고 생각하니 타임머신을 타고 미래로 날아가고 싶은 생각이 들었어. 오늘 선사유적지 탐방은 과거와 미래의 모습을 상상하게 해 준 재미있는 추억이 될 것 같아.

<늘 푸른 암사동> 모둠 문리주

날씨가 무척 좋은 일요일에 우리 모둠은 암사역에서 내려 15분쯤 걸은 뒤 암사동 선사주거지에 도착했어. 처음에는 '괜히 암사동 탐사팀에 낀 것이 아닌가?' 생각했어. 암사동 선사주거지라는 이름을 처음 들어서 걱정이 되었기 때문이야. 하지만 상쾌한 공기와 햇빛에 밝게 빛나는 잔디밭을 마주하고서는 '잘 왔구나' 안심했어. 먼 옛날 암사동 선사주거지에서 살았던 신석기인들의 움집을 보고 그들의 생활 모습이 궁금했지만, 우선 꼬르륵거리는 배부터 잠재운 다음에 본격적인 탐사를 시작했어.

움집에서 사진도 찍고, 필요한 정보도 적었어. 그곳에 있는 모든 움집에 들어갈 수 있는 게 아니라 공개된 움집에만 들어갈 수 있어. 우리는 안내원의 설명을 들은 후 움집 안에 있는 유물과 저장굴을 사진기에 담았어. 밖으로 나가 타조알을 구경하면서 만지고 안아 보는 시간을 가질 수 있었어. 박물관에서는 기념품도 팔고, 탁본 체험도 할 수 있어. 비록 짧은 시간이었지만 선사유적지의 유물과 저장굴을 통해 옛 조상들의 생활 모습을 엿볼 수 있는 좋은 기회가 되었어.

<늘 푸른 암사동> 모둠 지예은

2 몽촌토성

풍납토성과 몽촌토성은 백제의 한성시대를 대표하는 왕성과 도성이야. 올림픽 공원 안에 있는 몽촌토성 주변에는 움집터를 보여 주는 전시관과 백제시대의 유물 전시관인 몽촌역사관이 있어서 이 근처의 유적지와 유물들을 자세히 볼 수 있어. 올림픽 공원 안의 여러 조각품을 감상하고 넓은 잔디밭에서 휴식을 취할 수 있어서 많은 사람들에게 사랑을 받는 장소야. 조선시대의 학자 김공의 신도비도 있어.

몽촌토성은 자연 지형을 이용해 진흙을 쌓아 만든 성이야. 북쪽 성벽에는 나무 울타리를 세워 적을 막았고, 동쪽은 원래 있던 암벽을 급하게 깎아 적이 올라오지 못하게 했어. 성 주위에는 도랑을 파서 적이 가까이 오지 못하게 했지. 성안에서 옛날 집터가 발견되어 많은 사람들이 여기 살았던 것으로 생각돼. 움집터, 독무덤, 저장 구덩이 등의 역사적인 구조물과 함께 백제 토기를 비롯한 무기, 낚시 바늘, 돌절구 등 각종 유물이 출토되었는데, 이것들은 한성시대 연구에 도움이 되는 귀중한 자료야.

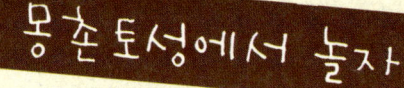

몽촌토성에서 놀자

우리가 찾은 몽촌역사관은 잠실올림픽 공원 안에 있었어. 공원을 따라 걷다 보니 백제의 문화 유물을 볼 수 있는 몽촌토성이 나타났어. 몽촌토성은 한성시대의 주요 거성 중 하나로 움집터와 저장 구덩이, 토기 등 어마어마한 유물들이 가득했어. 비록 모형이지만 당시의 모습을 잘 나타낸 돌짐승과, 각종 장신구, 금동 신발 등 많은 유물들에서 조상들의 흔적을 고스란히 느낄 수 있었어. 선사시대로 돌아간 느낌이 들었어. 몽촌역사관에서 개발한 캐릭터를 이용해 〈촌이의 집은 어디인가〉, 〈투타치의 고고학 탐험〉 등 재미있고 유익한 교육 프로그램도 선보이고 있어. 또 학교에서 단체로 견학을 가도 좋을 것 같아. 넓은 공원에서 뛰어놀 수도 있고, 박물관과 움집터에서는 사회 교과서에서만 보던 것을 직접 보고 체험할 수 있으며, 몽촌역사관에 관한 재미있는 퀴즈도 풀 수 있어. 관람료는 무료야. 매주 월요일은 휴관이라는 것 잊지 말자.

〈늘 푸른 암사동〉 모둠 이주미

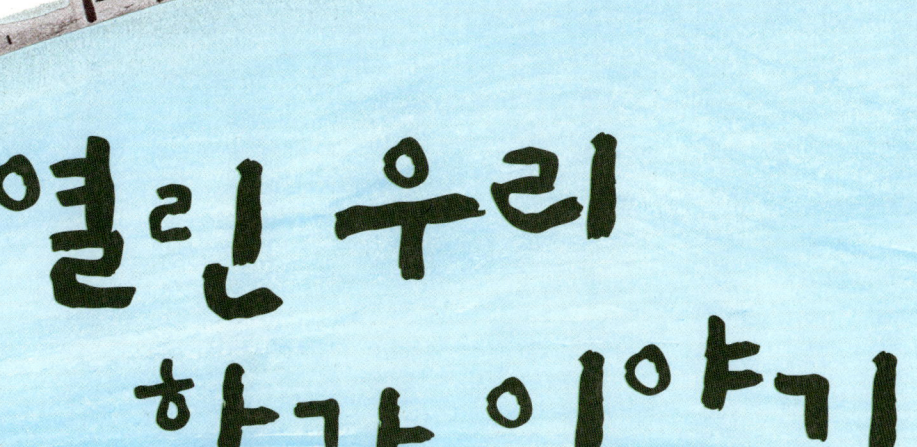

열린 우리 한강 이야기

우리들의 행복한 도시, 서울

서울은 푸른 산으로 둘러싸여 있고, 그 한가운데를 크고 너른 한강이 가로질러 흐르고 있어. 세계의 어느 도시를 봐도 서울처럼 아름다운 산과 강이 함께 있는 도시는 많지 않아. 아름다운 도시라 옛날부터 많은 사람들이 서울에서 살아온 것 같아. 500년 조선왕조의 수도도 서울이었고 그보다 더 옛날 백제의 수도도 서울이었어. 물론 지금 우리나라의 수도도 서울이지. 앞으로 서울은 아시아의 중심으로 자리매김한다고 해. 한국, 중국, 일본 세 나라의 중심이 서울이기 때문이야.

서울은 과거와 현재 그리고 미래가 함께 있는 도시야. 경복궁, 창덕궁 같은 조선시대의 궁궐과 초고층건물이 함께 있어. 얼마 전 중국의 수도 베이징에서 올림픽이 **열렸**듯, 1988년 서울에서도 올림픽이 열렸어. 한국전쟁의 아픔을 온 국민이 함께 이겨내

고 '한강의 기적'을 이루었기에 가능했던 일이야. 서울은 한때 몸살을 앓기도 했어. 빨리빨리 크고 멋진 도시로 만들려는 욕심 때문이야. 한강을 비롯해 서울 곳곳이 오염되어 사람들이 살기 힘들었거든. 다행히 지금은 사람과 자연이 더불어 잘살기 위해 많은 노력을 하고 있어. 서울숲을 비롯해 한강 주변을 아름답게 가꿔 가고 있지. 내일의 서울은 과연 어떤 모습이면 좋을까.

서울

박건호 작사/이범희 작곡

종로에는 사과나무를 심어보자
그 길에서 꿈을 꾸며 걸어가리라
을지로에는 감나무를 심어보자
감이 익을 무렵 사랑도 익어가리라

아아아아 우리의 서울 우리의 서울
거리마다 푸른 꿈이 넘쳐흐르는
아름다운 서울을 사랑하리라

빌딩마다 온갖 새들을 오게 하자
지지귀는 노래 소리 들어보리라
거리 거리엔 예쁜 꽃을 피게 하자
꽃이 피어나듯 사랑도 피어나리라

아아아아 우리의 서울 우리의 서울
거리마다 푸른 꿈이 넘쳐흐르는
아름다운 서울을 사랑하리라

아아아아 우리의 서울 우리의 서울
거리마다 푸른 꿈이 넘쳐흐르는
아름다운 서울을 사랑하리라

강변마다 울창한 숲이 우거지면
연인들은 속삭이며 걸어가리라
동작대교가 도심으로 이어지면
다시 태어나는 서울은 낭만의 도시

아아아아 우리의 서울 우리의 서울
아시아의 빛이 되어 솟아오르는
세계 속의 서울은 영원하리라

홍수를 막기 위한 노력

더불어 살기 위한 노력

한강은 사람들에게 마실 물과 함께 배로 쉽게 이동할 수 있도록 물길을 내 주었어. 또 한강을 보고 있으면 마음이 넉넉해지니 이래저래 고마운 친구야. 하지만 사람들은 한강을 무서워하기도 해. 홍수로 한강이 불어 물난리를 겪기도 하니까. 과연 한강에서는 홍수와 관련해 어떤 일이 있었고, 또 홍수를 막기 위해 어떤 노력을 기울이고 있을까.

홍수를 기념하자고?

예로부터 물을 잘 다스리는 것이 나라를 다스리는 일의 으뜸이었다고 해.

1925년(을축년)에 열대성저기압의 영향으로 4번의 홍수가 있었어. 이때의 홍수를 잊지 말고 조심하자는 뜻으로 을축년 대홍수 기념비를 세운 거야. 이 기념비는 서울시 송파1동사무소 앞에 있어.

을축년 대홍수 기념비

산과 물을 잘 관리하고 가뭄이나 홍수를 예방해야 사람들이 잘살 수 있어. 그건 오늘날도 마찬가지야. 홍수가 나면 피해가 크니까. 그런데 서울에 홍수 기념비가 있다고 해. 과연 어떤 사연이 있어 홍수를 기념해야 하는 걸까?

1907년 기상 관측이 시작된 이래 우리나라를 휩쓸고 간 홍수 중 유난히 피해가 컸던 것은 1925년의 홍수야. 1925년 7월에 사흘에 걸쳐 한강에 무려 650밀리미터나 되는 큰비가 왔어. 이 비로 한강이 넘치면서 서울의 마포, 용산, 잠실, 송파 일대가 물에 푹 잠기고 말았어. 전국적으로 46,000여 채의 집이 물에 잠기고 647명이 숨졌어. 이렇듯 물난리를 겪고 송파 주민들은 기념비를 세워 홍수의 무서움과 예방의 중요성을 알리고자 했어. 을축년 대홍수 기념비는 지금까지 전해 내려오고 있어.

강은 우리에게 홍수와 같은 피해도 주기 때문에 홍수 방지 대책이 중요해. 을축년 대홍수는 한강이 홍수로 넘쳐나는 것을 막기 위해 계획을 세우는 계기가 되었어. 그래서 소양강댐이나 충주댐 등 다목적댐을 건설하고 한강 주변에 튼튼한 제방을 쌓아 홍수를 막으려고 했지. 그래서 실제로 홍수를 많이 줄일 수 있었어. 하지만 그것 때문에 한강이 몸살을 앓고 있어. 인공으로 댐을 짓고 시멘트와 콘크리트로 둑을 만들었기 때문에 한강에 사는 새와 물고기가 살기 힘들고, 생태계도 많이 나빠졌어. 그래서 최근에는 아픈 한강을 되살리고 자연과 사람이 모두 행복할 수 있는 방법을 찾기 위해 고민하고 있어.

홍수를 막기 위해 설치한 수표

홍수는 한자로 클 홍(洪)에 물 수(水)를 써서 큰물을 가리켜. 물이 많이 불어나서 큰물이 된 것을 일컫는 말이야. 홍수가 나면 물이 넘쳐나서 큰 피해를 입기 때문에 사람들은 아주 오랜 옛날부터 홍수를 막기 위해 노력해 왔어. 조선 세종(1418~1450) 때는 측우기를 만들어 강우량을 측정할 수 있었어. 이 방법으로 하천의 물높이를 측정하기 위해 설치한 것이 수표야. 한강변과 청계천 두 곳에 설치했는데, 한강변에는 바윗돌에 직접 눈금을 새겼고, 청계천에는 낮은 돌기둥 위에 나무기둥을 세웠어. 지금 청계천의 수표는 성종(1469~1494) 때 돌기둥으로 개량한 것이야. 높이 3미터, 폭 20센티

수표(水標)

미터의 화강암 사각기둥으로 만들었어. 위에는 연꽃무늬를 새긴 삿갓 모양의 머릿돌이 올려져 있고, 아래에는 직육면체 초석이 땅속 깊이 박혀 있어.

한강홍수통제소

옛날보다 물난리가 훨씬 줄었으나, 최근 10여 년 동안 지구온난화와 같은 기후 변화의 영향으로 여름이면 집중호우와 태풍이 발생해 홍수 피해가 다시 커지고 있어. 겨울과 봄에는 가뭄이 심해. 그래서 한강홍수통제소를 세워 홍수를 막고 한강과 더불어 잘살 수 있도록 연구하고 있어. 한강홍수통제소에서는 홍수를 과학적으로 관리하고 생활용수, 공업용수, 농업용수의 효율적인 배분을 통해서 홍수와 가뭄 피해를 최대한 줄여 나가고자 해. 한강홍수통제소는 한강 유역뿐만 아니라 임진강, 안성천 유역까지 홍수를 예보하고 다른 기관(소방 방재청, 기상청, 서울시청, 경기도청, 수자원공사 등)에도 실시간 정보를 제공하고 있어. 한강홍수통제소 홈페이지에 들어가면 한강 주요 지점의 수위와 댐 위치를 살펴볼 수 있어.

홍수를 막기 위해 세운 댐

홍수의 피해가 크니까 그 대비책으로 댐을 건설, 물의 흐름을 제한하고 관

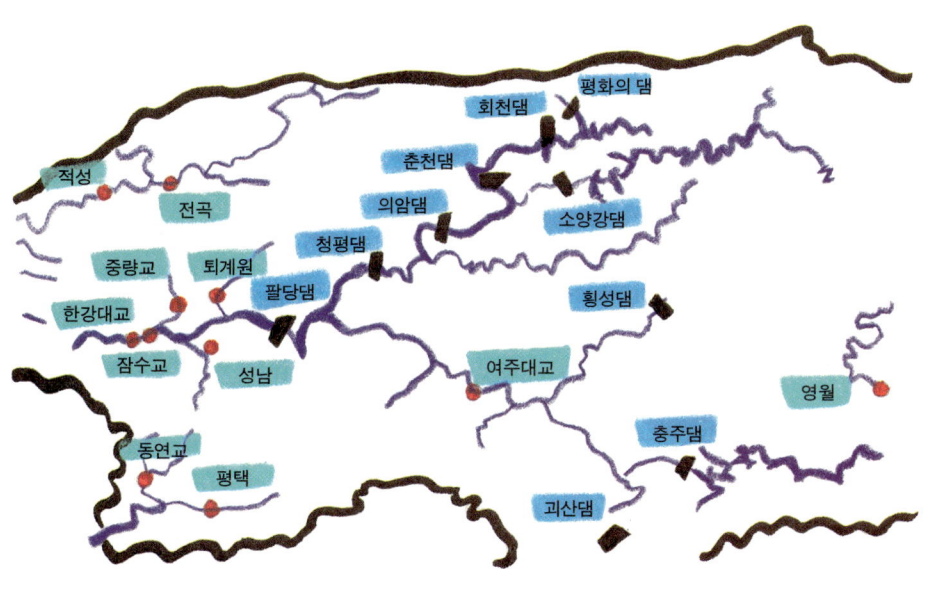

한강 주요 지점 댐

리해. 그런데 더 이상 댐을 짓지 말자고 이야기하는 사람들이 많아. 왜 그럴까?

충주댐과 소양강댐

충주댐은 댐 하류부에 항상 물을 저장해서 도시화와 공업화로 오염된 물을 정화시키고 한강하구로부터 바닷물의 역류를 방지해. 그것뿐이 아니야! 충주댐이 건설된 후 충주에서 단양까지 엄청나게 큰 호수와 물길도 생겼대. 많은 사람들이 충주댐을 구경하러 와서 지역사회 발전에도 한몫하고 있어. 그렇지만 지역이 온통 물에 잠겨 수몰지구가 되었어. 3개 군 13개 면 정도가 수몰되었다고 해. 서울로 이야기하자면 3개 구에 13개 동이 물속에 잠겼다고 생각하면 돼. 게다가 단양군은 도시가 물속에 잠기기 때문에 중심지를 옮겨야 하고 2개 군 정도 땅을 쓸 수 없게 되었어. 안개로 인한 피해도 있어. 충주는 사과가 맛있기로 유명한데, 사과는 맑은 햇빛을 받으며 자라야 해. 충주댐이 만들어진 후 안개가 껴서 사과가 잘 자라지 못하니 안타까운 일이야.

소양강댐은 물 부족 국가인 우리나라에 물을 넉넉히 공급해 주고 있어. 댐은 물을 필요로 하는 사람들에게 물을 공급해 줄 수 있어. 우리나라는 여름철 집중호우로 피해를 입곤 하는데 소양강댐은 홍수를 조절해 주기도 해. 댐은 가뭄이 들면 물을 내보내고 홍수 때는 물을 댐 안에 가둬서 저장할 수 있어. 우리나라는 석유가 부족하기 때문에 화력발전에만 의존할 수 없어. 원자력발전은 위험성이 있어서 주민들이 반대를 많이 해. 수력발전은 그런

문제는 없지만 완전히 마음을 놓을 수는 없어.

무엇이라도 좋은 점이 있으면 나쁜 점이 있어. 댐은 무엇이 문제일까? 무엇보다 먼저 환경파괴를 말할 수 있어. 환경영향평가를 한다 해도 어떤 일이 일어날지 몰라. 꼼꼼히 조사를 해도 그 결과는 아무도 모르는 거야. 물이 다른 곳으로 샐 수도 있다고 해. 산속으로 침투해서 엉뚱한 곳에 호수를 만들어 버린 예가 있어. 또한, 수질오염도 걱정돼. 물이 고이면 썩기 마련이잖아. 호수 바닥에는 퇴적물도 생기지. 그리고 사람들은 고향을 잃게 돼. 보상이 충분하다 해도, '내가 살던 꽃 피는 고향'을 잃어야 하니 서글픈 일이야.

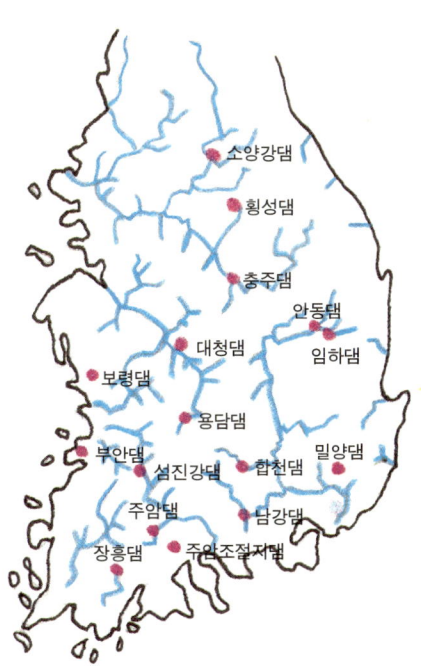

충주댐과 다목적댐 위치

충주댐과 소양강댐의 좋고 나쁜 점을 살펴보았어. 이런저런 문제로 댐을 세우려면 토론을 하고 환경영향평가도 하고 그래. 동강에서는 댐을 세우려다 환경 문제를 생각해 없던 것으로 했대.

-당산초등학교 6학년 5반 박시은

숲과 물의 만남, 녹색댐

숲과 물이 만든 '녹색댐'

우리나라는 세계 평균보다 1.3배의 비가 내리는데, 세계에서 아홉 번째로 물이 부족한 나라래. 좁은 땅에 사람들이 많이 살아서 물의 소비가 많고, 강수량의 2/3가 여름에 집중되어 봄과 가을에는 물이 부족하고 지역차도 많다 해. 여름이면 홍수 걱정, 봄·가을이면 물이 부족해 걱정해야 하니, 이 문제를 어떻게 풀어야 좋을까? 댐이 답이 될 수도 있으나 댐은 장점도 많으나 단점도 많잖아. 그래서 인공댐의 단점을 줄인 새로운 '댐'을 준비하고 있어. 녹색댐도 그중 하나야. 녹색댐은 나무들이 숲을 이룬 곳에서 빗물을 머금고 있다 서서히 흘려보내 마치 댐과 같은 기능을 한다고 해서 붙은 이름이야. 물과 숲의 중요성이 갈수록 커지면서 녹색댐에 대한 관심도 많아

녹색댐

졌어. 녹색댐은 인공댐과 달리 생태계를 파괴하지 않으면서 홍수를 조절하고 물을 저장하기 때문이야.

숲은 물의 고향이야. 비가 오면 숲 속의 나무, 풀, 흙, 미생물 들이 물이 머물 자리를 만들어 주거든. 맨땅에 비가 내리면 땅속으로 스며든 빗물은 흙 입자 사이의 빈틈이 커 곧 계곡으로 빠져나가. 땅속 깊이 스며든 빗물은 느릿느릿 빠져나가 비가 그친 뒤에도 물을 흘려보내. 또 땅속으로 스며들어 간 더러운 물도 숲의 도움으로 맑아져 자연을 깨끗하면서도 아름답게 가꿔 줘. 산소를 공급해 주고 야생동물의 보금자리라 할 숲의 역할이 어디 이뿐일까.

우리나라 숲이 얼마나 많은 물을 저장할까? 연구 결과를 보면 180억여 톤을 저장한다고 해. 우리나라에서 가장 큰 댐인 소양강댐의 10배나 되는 양이야. 숲이 이렇듯 물을 저장하기에 녹색댐이라고 불러. 현재 우리의 숲을 잘 가꾸면 40년 뒤에는 지금보다 40퍼센트를 더 저장할 수 있다고 해. 산림청은 40개 댐 유역과 5대강 유역의 산림에 녹샘댐을 조성할 계획으로 숲 가꾸기 사업을 실시해 맑고 깨끗한 물자원을 확보할 거래.

또 하나의 녹색댐, 논

논은 물을 받아야 하니까 야트막하니 두둑을 쌓아 올려 만들어야 해. 우리나라 논의 저수량이 32억여 톤이라고 해. 장마나 집중호우에 효과적으로 홍수 조절 기능을 발휘해. 논의 역할이 어디 이뿐이겠어? 봄에서 가을까지 물이 차 있는 논에서는 물의 증발과 벼의 증산작용이 반복돼. 도시에 논이 있다면 열섬효과에도 좋겠지?

뭐, 한강에 괴물이 살고 있다고?!

괴물 덕분에 한강이 더 유명해졌어. 영화 〈괴물〉을 본 사람이 무려 1,300만 명이 넘어. 이 영화를 만든 봉준호 감독은 어려서부터 한강을 참 좋아했다고 해. 그래서 영화감독이 되면 한강을 배경으로 영화를 만들어야겠다고 다짐했대. 결국 영화 〈괴물〉을 통해 꿈을 이루고 사람들에게 한강을 널리 알렸어. 영화를 찬찬히 보면 익숙하면서도 새로운 한강의 여러 모습을 만날 수 있어. 한강은 우리뿐만 아니라 세계 여러 나라 사람들에게 많은 감동을 주었다고 해. 영화의 감동을 좀 더 느끼고 싶은 사람들은 영화 〈괴물〉의 배경이 된 한강을 직접 살펴보기도 하지.

영화 속 주인공 강두에게 한강은 소중한 곳이야. 한강변에서 매점을 운영해 먹고살기 때문이지. 하지만 어느 날 괴물이 나타나 강두네 가족은 사랑

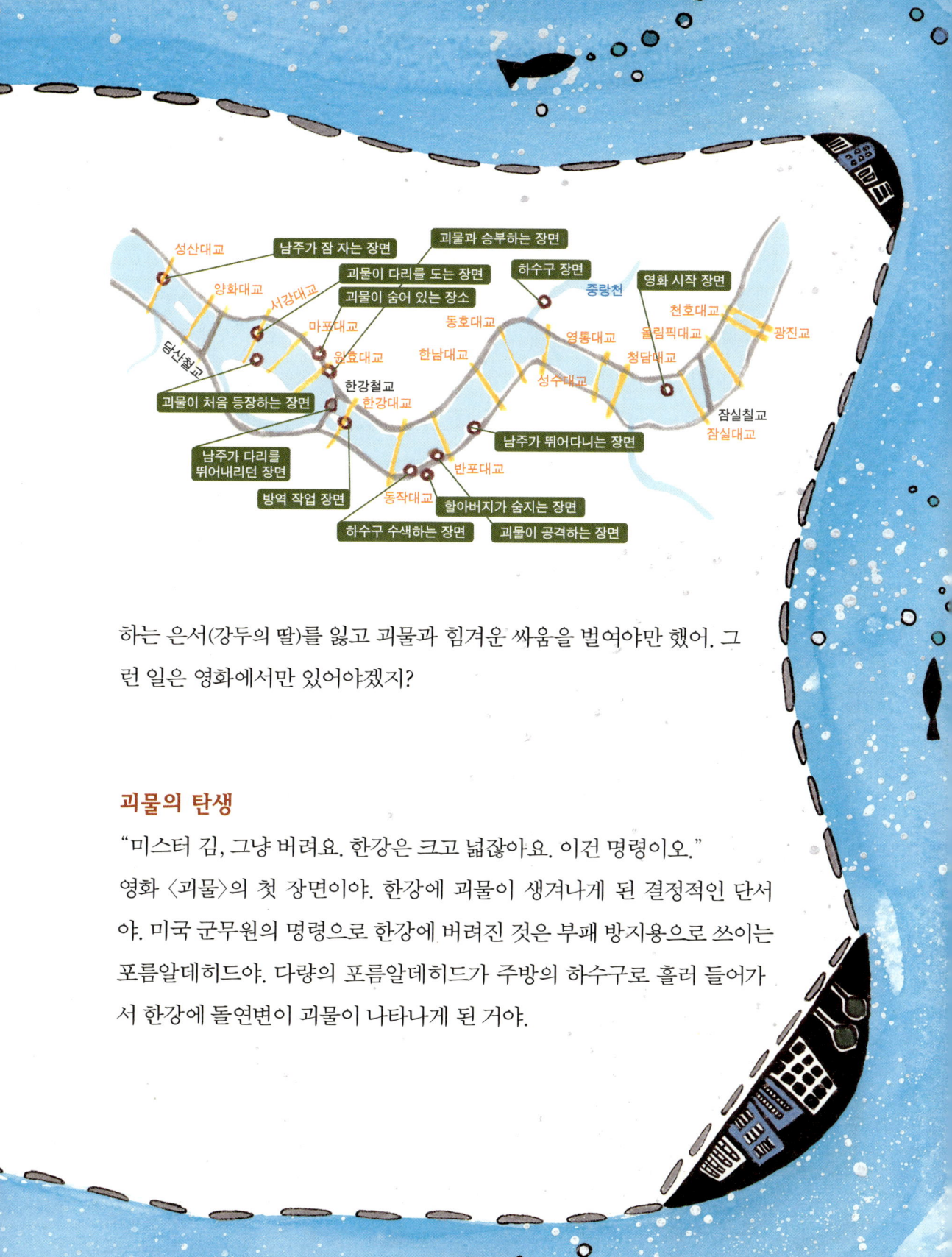

하는 은서(강두의 딸)를 잃고 괴물과 힘겨운 싸움을 벌여야만 했어. 그런 일은 영화에서만 있어야겠지?

괴물의 탄생

"미스터 김, 그냥 버려요. 한강은 크고 넓잖아요. 이건 명령이오."
영화 〈괴물〉의 첫 장면이야. 한강에 괴물이 생겨나게 된 결정적인 단서야. 미국 군무원의 명령으로 한강에 버려진 것은 부패 방지용으로 쓰이는 포름알데히드야. 다량의 포름알데히드가 주방의 하수구로 흘러 들어가서 한강에 돌연변이 괴물이 나타나게 된 거야.

한강 독극물 방류 사건이 진짜 있었다고 해. 2000년 서울 미군 부대에서 포름알데히드 20상자(480병)가 영안소 부책임자인 미 육군 군무원 앨버트 맥팔랜드의 명령으로 하수구에 버려졌어. 미군 사망시 시신을 미국으로 보내기 위해 방부 처리를 하는데, 그때 사용하려고 보관해 온 것이야. 명령을 받은 한국인 군무원은 "식수원인 한강으로 흘러 들어가면 암과 출산 장애를 유발할 수 있다"고 지시를 거부했으나 맥팔랜드의 명령으로 결국 방독면을 쓰고 독극물을 하수구에 버렸어. 독극물을 버린 한국인은 그 사실을 환경시민단체 녹색연합에 밝혔어. 독극물로 피해를 입을 수 있어 용기를 내서 잘못된 행동을 고백한 거야. 당시 사람들은 큰 충격을 받았다고 해. 강에 해로운 물질을 그대로 버리면 영화에서처럼 끔찍한 일이 일어날 수도 있지 않을까?

포름알데히드는 국제암연구센터가 밝힌 '발암 물질'이야. 급성 독성, 피부 자극성 등을 갖고 있는 데다 암과 출산 장애를 유발한다고 해. 또 눈과 코를 자극하고 아토피성 피부염, 천식 등의 질환을 일으키는 새집증후군유발물질이야. 당시 명령에 따라 한국인 군무원도 방독면을 착용하고 하수구에 포름알데히드를 버렸는데, 두통과 메스꺼움으로 3주간 병가를 냈다고 해.

괴물로부터 한강을 지키려면

영화 〈괴물〉은 구체적으로 한강의 오염 원인을 보여 주었어. 주한 미군이 한강에 독극물을 버려 돌연변이 괴물이 생겨났다는 것인데, 영화 속의 이야기가 실제로 일어날 수 있는 일이라 많은 사람들이 두려워하고 있어. 우리나라에 있는 미군 기지가 오염되어 있다는 사실이 또 다시 밝혀졌거든. 그 원인을 찾아서 다시는 그런 일이 일어나지 않도록 해야 해. 더불어 한강 근처에 공장에서 나온 산업용 쓰레기를 몰래 버리는 일도 막아야 해. 영화 〈괴물〉은 사람들에게 아름다운 한강을 비롯해 우리 주변의 환경을 잘 가꾸고 보존해 행복하게 살자는 이야기를 건네려는 것 같아. 괴물은 영화에서나 만나고 실제 한강에서는 평화롭게 산책하고 가볍게 바람을 쏘였으면 좋겠어.

내일의 청계천

한강을 건널 때면 유심히 주위를 살펴보는 친구들이 있어. 괴물이 나타나는 건 아닐까 하고. 그런데 곧 영화 〈괴물 2〉가 나온다고 해. 〈괴물 2〉의 주 무대는 청계천이라고 해. 한강처럼 청계천에 대한 관심이 높아질 것 같아. 청계천은 지금도 인기가 많아. 2005년 10월에 시멘트로 덮여 있던 물길이 다시 열리면서 청계천이 시민들에게 개방되었어. 청계천은 이제 서울을 대표하는 관광명소로 손꼽히기도 해. 그런데 청계천 복원에 아쉬운 점들도 있다고 해. 무엇이 문제이고 그 해결 방안은 뭘까?

생태하천으로 거듭나야 할 청계천

청계천은 생태하천이 아니야. 생태하천은 옛 자연의 모습과 가장 가깝게 만든 하천인데, 청계천이 제대로 된 생태하천이 되려면 적지 않은 노력이 필요해. 청계천 복원 공사를 할 때 하천 바닥으로 물이 새지 않도록 먼저 차수막 시설을 한 다음, 서울숲에 있는 뚝섬 정수장에서 정수한 한강 물을 전기로 잔뜩 끌어다 빠른 속도로 흘러가게 만들어 놓았거든. 결국 전기의 힘으로 하천이 흐르게 된 거야. 전기를 쓰지 않고 자연스럽게 물이 흐를 수 있어야 생태하천이 될 수 있어. 전기의 힘으로 한강 물을 끌어 올리기 때문에 청계천의 상류는 물살이 너무 빨라 생물이 살기 어렵다고 해. 또한 하루 12만 톤의 물을 공급하기 위해 필요한 전력량이 화석연료 264만 킬로그램을 태워야 얻을 수 있을 정도로 많아.

청계천을 생태하천으로 만들 방법은 없을까? 이 문제는 청계천을 좀 더 자연에 가깝게 복원하면 해결될 수 있을지 몰라. 원래 청계천의 상류는 백운동천과 삼청동천이야. 하지만 지금은 콘크리트에 덮여 있어 청계천에 상류의 물이 흘러 들어가지 못하고 있어. 그래서 많은 사람들이 청계천 상류를 자연 그대로 복원해야 한다고 이야기해.

또 지금의 청계천은 물길이 너무 반듯해서 문제라고 해. 직선으로 된 물길은 물살이 너무 빨라 물고기를 비롯한 수상식물이 살 수 없어. 구불구불 물길이 필요해. 물길 안쪽으로 조금씩 굽어 들어가는 곳이 있으면 물의 흐름이 잔잔해지고 그곳에서 새끼 물고기가 자랄 수 있어. 또 물고기가 알을 낳을 만한 자갈과 모래도 필요해. 청계천이 사람들을 위한 곳일 뿐만 아니라 동식물과 함께할 수 있는 곳이라면 좋겠어.

자연의 기적, 밤섬

생태경관 보전지역

서울 한복판에 야생 동식물의 낙원이 있어. 천연기념물 흰꼬리수리, 원앙, 황조롱이 외에도 매, 청둥오리, 재갈매기 등 77종의 다양한 새들이 살아. 더불어 황쏘가리, 메기, 잉어 등 어류 28종과 버드나무, 뚜껑덩굴 등 식물 194종이 옹기종기 모여 살고 있어. 그곳이 어디냐 하면, 나무와 수풀이 우거진 도심 속 철새도래지로서 서울시 생태경관보전지역 제1호로 지정된 밤섬이야.

밤섬은 많은 사연을 지니고 있는 곳이야. 지금은 생태경관보전지역이라 사람들이 살 수 없을 뿐만 아니라 출입도 제한되어 있지만 밤섬에는 제법 많

밤섬

은 사람들이 살았다고 해. 한강개발사업이 시작되면서 밤섬은 그야말로 변신을 했어. 1968년 2월에 밤섬을 폭파했기 때문이야. 한강과 여의도를 개발하기 위해 많은 돌과 흙이 필요했거든. 하지만 밤섬 폭파는 밤섬에 사는 사람들을 배려하지 못해 아쉬움이 남았어. 밤섬 주민들은 고향을 등질 수밖에 없었어. 고향을 잃어버린 밤섬 사람들은 매년 서울 마포에 모여 대동굿을 벌여. 밤섬에서 살던 추억을 되살리고 그 옛날의 이웃들과 만나기 위해서야. 밤섬은 해방 전에는 배를 만들고 수리하는 마포나루 인근에서 매우 중요한 섬이었어. 예로부터 밤섬 사람들이 배를 잘 만들었거든. 밤섬은 한강의 문화가 담겨 있는 곳이야.

자연의 힘으로 되살아난 밤섬

놀랍게도 밤섬은 해마다 커지고 있다고 해. 어떻게 된 일일까? 밤섬에 사람들의 출입이 금지되자 본연의 모습을 되찾고 있다고 보고 있어. 밤섬의 항공 사진 등을 분석한 결과 1985년 5,372평이었던 면적이 2005년 3월에는 7,939평으로 48퍼센트나 늘었다고. 또 해마다 6센티미터씩 높아지는 것으로 나타났어. 밤섬은 폭파로 아래 밤섬(서강 쪽)·윗 밤섬(마포 쪽)으로 나뉘었어. 그런데 한강에서 흘러 들어온 흙과 모래가 쌓이는 퇴적 현상이 계속되면서 2000년에는 아래 밤섬과 윗 밤섬을 잇는 땅이 만들어지고 호수도 생겼어. 퇴적 현상과 함께 밤섬의 버드나무가 성장하고 다양한 식물이 자라나면서 밤섬이 커지고 있는 거야. 자연의 힘으로 밤섬이 본래의 모습을 되찾고 있는 거지.

서울시는 밤섬의 생태적 보전 가치를 높게 평가해 1998년에 생태경관보전지역으로 지정했어. 한강에서 흘러든 모래가 쌓이면서 밤섬이 점점 커지고 이곳에 풀과 나무의 씨앗이 퍼져 푸르른 숲이 우거지자 새와 물고기가 하나둘 찾아들더니 이제는 세계적인 철새들의 보금자리가 되었지.

한강르네상스

서울시에서는 한강을 다시 살리기 위해 '한강르네상스'를 준비하고 있다고 해. 르네상스는 학문 또는 예술의 부활이라는 뜻을 가지고 있어. 다시 태어난다는 이야기이지. 그러니까 한강르네상스는 한강이 아름답게 거듭날 수 있도록 하겠다는 거야.

그런데 한강은 왜 다시 태어나야 하는 걸까? 한강은 1980년대 한강종합개발로 생태계가 많이 파괴되었어. 경제 성장이 환경에는 안 좋은 영향을 끼쳤거든. 개발을 위해 한강에 있는 모래와 자갈을 마구 퍼 가니까 한강의 동식물들이 제대로 살지 못하게 되었어. 홍수를 막기 위해 한강 둘레를 온통 시멘트와 콘크리트로 막고 둑을 쌓았는데, 그로 인해 환경오염이 심각해졌어. 한강 주변의 동식물들이 제대로 숨을 쉬지 못하게 된 거야. 사람들이 한강에 가기가 쉽지 않아. 한강변에 강변북로와 올림픽대로

같은 큰 도로가 있기 때문이야. 한강에 가까이 가려면 도로 밑의 정해 놓은 통로를 이용해야 했어. 그런데 그 통로 또한 잘 정리되지 않아.

한강르네상스는 한강을 친환경적인 공간으로 거듭나게 한다는 목표를 가지고 있어. 그리고 많은 사람들이 한강에 보다 쉽게 다가가고 한강에서 편안하게 쉴 수 있도록 문화공간으로 만들려는 거야.

한강의 자연성 회복

한강르네상스에서 눈에 띄는 것은 전체 강변의 87퍼센트를 뒤덮고 있는 콘크리트 제방을 모두 걷어내고, 그 자리에 갈대와 물억새 등 수중식물을 심어 한강을 생명이 숨 쉬는 물길로 되돌리겠다는 거야. 강서습지와 암사동 한강둔치를 야생 동식물과 인간이 함께하는 대규모 생태공원으로 만들겠다고 하니 기대돼. 먼저 한강변을 뒤덮은 콘크리트 둑을 걷어내고 흙과 자연석을 이용해 완만한 경사형 둔치로 다시 만들어야 해. 한강변에는 갈대와 부들, 창포를 심을 계획이라고 해. 한강을 잘 볼 수 있도록 전망 시설도 만들고, 관람객을 위한 관찰로도 만들 거야. 홍수 때문에 콘크리트 둑을 유지해야 하는 구간은 둑과 옹벽에 덩굴식물 등 녹지를 조성할 계획이야. 총 76킬로미터 구간의 둑과 옹벽에 일정 두께의 흙을 덧씌워 야생화 서식지도 만들고 각종 식물도 심는다고 해.

여의도 샛강과 암사동 한강둔치는 생태공원으로 복원돼. 여의도 샛강은 2009년까지 주변 주차장과 운동장을 정리하고 수로 폭을 10미터에서 20미터로 늘릴 예정이야. 수질이 개선되면 조각배를 띄워 시민들을 위한 생태탐방 프로그램을 운영한다고 해. 암사동 일대 한강둔치 5만여 평은 2008년까지 자연형 생태경관보전지역으로 복원돼. 이처럼 한강르네상스는 한강의 옛 모습을 되찾고 사람들이 자연과 더불어 살 수 있도록 소중한

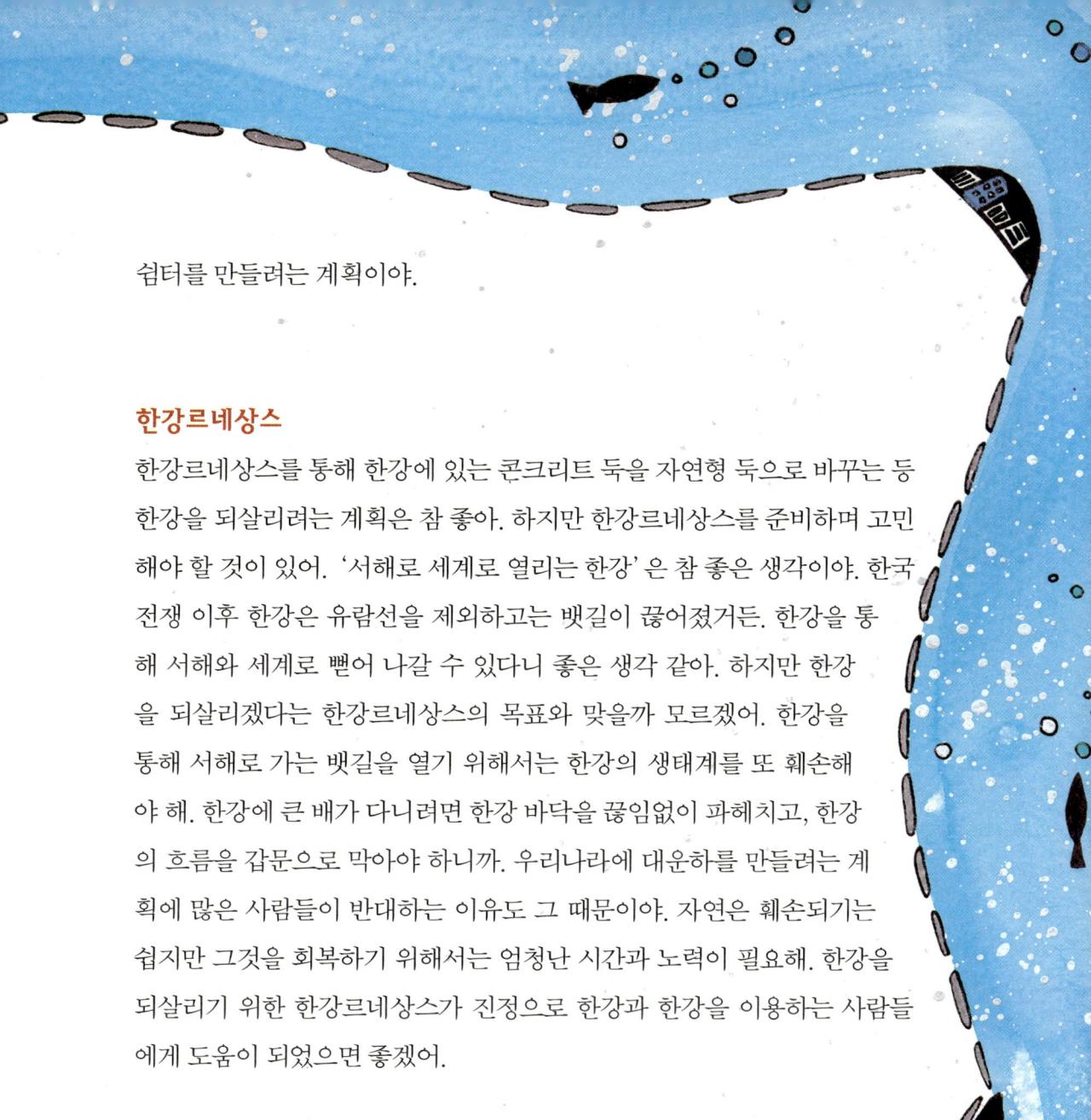

쉼터를 만들려는 계획이야.

한강르네상스

한강르네상스를 통해 한강에 있는 콘크리트 둑을 자연형 둑으로 바꾸는 등 한강을 되살리려는 계획은 참 좋아. 하지만 한강르네상스를 준비하며 고민 해야 할 것이 있어. '서해로 세계로 열리는 한강'은 참 좋은 생각이야. 한국 전쟁 이후 한강은 유람선을 제외하고는 뱃길이 끊어졌거든. 한강을 통해 서해와 세계로 뻗어 나갈 수 있다니 좋은 생각 같아. 하지만 한강을 되살리겠다는 한강르네상스의 목표와 맞을까 모르겠어. 한강을 통해 서해로 가는 뱃길을 열기 위해서는 한강의 생태계를 또 훼손해야 해. 한강에 큰 배가 다니려면 한강 바닥을 끊임없이 파헤치고, 한강의 흐름을 갑문으로 막아야 하니까. 우리나라에 대운하를 만들려는 계획에 많은 사람들이 반대하는 이유도 그 때문이야. 자연은 훼손되기는 쉽지만 그것을 회복하기 위해서는 엄청난 시간과 노력이 필요해. 한강을 되살리기 위한 한강르네상스가 진정으로 한강과 한강을 이용하는 사람들에게 도움이 되었으면 좋겠어.

생명을 살리는 방생이 한강도 살릴 수 있도록

'방생'이라는 말을 들어 본 적 있어? 반대말이라 할 수 있는 '살생'과 비교해 보면 그 뜻을 쉽게 알 수 있어. 생명을 죽이는 살생과 반대로 생명을 놓아 주어 살리는 일이 방생이야. 예를 들어 다른 사람들이 잡은 물고기, 새, 짐승 등 살아 있는 것들을 산이나 강에 놓아 주는 일이지.

예로부터 불교인들은 해마다 일정한 때에 방생을 했어. 사람에게 잡혀 죽게 된 생물을 살려 주는 일을 통해 부처님의 자비를 세상에 널리 알리려는 거야. 그런데 생명을 살리는 방생이 도리어 자연에 해가 될 때가 있어. 방생을 통해 풀려난 생물들이 토종 물고기를 마구 잡아먹는 등 자연환경 및 생태계를 어지럽히기 때문이야. 황소개구리는 본래 우리나라에 살던 개구리가 아니야. 자연에 없던 개구리를 인공적으로 만들었다 해야 할까. 식성이 좋은 황소개구리 때문에 주변 생물들이 모조리 사라지자 사람들이 문제의 심각성을 알게 되었어. 황소개구리는 심지어 개구리를 잡아먹는 뱀까지도 황소처럼 무서운 힘으로 먹어 버려.

한강에 수생동물을 방생하려면 생물의 특성에 따라 방생 시기 및 장소, 품종을 선택해 생태계의 피해를 막아야 해. 자연의 질서를 지키기 위해. 한강에서 나고 자란 동물을 방생하는 것이 좋아. 방생을 많이 하는 정월대보름 무렵에 한강의 평균수온은 2~8도로 낮은 편이야 그래서 시중에서 쉽게 구할 수 있는 양식 수생동물을 방생할 경우 급격한 환경 변화로 자연 상태에서의 생존 확률이 감소하게 돼. 방생의 참된 의미를 되살리고자 한다면 시기를 늦추는 것이 바람직해.

이처럼 방생으로 한강을 살리기 위해서는 세심한 주의가 필요해. 황소개구리처럼 야생동식물보호법에 의해 자연의 질서를 망가뜨리는 야생동물로 지정된 외래어종과 한강 방류 부적합 어종을 한강에 방생해서는 안 되겠지. 자연의 질서를 망가뜨리는 야생동물로 지정된 붉은귀거북과 블루길, 배스 들은 천적이 없어서 한강에 방생될 경우 개체수가 증가해 토종 어류의 서식처를 잠식하는 등 한강 생태계에 위험을 초래할 수 있으니까 방생하면 절대 안 돼.

단속 대상 외래 동물

붉은귀거북 우리나라에는 천적이 없고 고유 어종을 마구 잡아먹어 하천 생태계를 파괴시켜. 귀 쪽에 빨간색 무늬가 있는 것이 특징이야.

큰입배스 어릴 때는 갑각류를 주로 먹다가 점차 자라면서 어류 등을 주먹이로 먹어. 아래턱이 위턱보다 긴 것이 특징이야.

파랑볼우럭 번식력이 높은 잡식 어종으로 새우, 물고기, 수서곤충 등 움직이는 생물을 공격하고 포식해 하천의 생태계를 파괴해. 아가미 뒤쪽에 파란 점이 있는 것이 특징이야.

황소개구리 사람이 접근하면 물속으로 쏙 들어가 잡기 어렵고, 물고기, 참게, 뱀 등을 잡아먹어 생태계를 파괴해. 뒷다리가 길어서 멀리까지 뛰어오를 수 있는 것이 특징이야.

한강의 물고기길

연어는 먼 바다로 나갔다가 어른이 되어서 다시 강 상류로 되돌아와. 그런데 강을 거슬러 올라오지 못할 때가 있어. 한강에 설치된 수중보 같은 시설 때문이야. 수중보란 물길을 막아 물의 높이를 일정하게 유지하기 위해 만든 둑이라고 보면 돼. 홍수를 막아 주는 긍정적인 면도 있지만 생물들이 자유롭게 강 위아래를 넘나들지 못하게 하는 등 생태계에 나쁜 영향을 끼치기도 해. 그래서 한강시민공원사업소에서는 서울 잠실대교 하류쪽 10미터 지점의 잠실수중보 강남측 수변부에 새로 물고기길을 만들었어.

새로 만든 물고기길은 예전과 달리 폭 4미터, 길이 228미터, 계단 간 높이 10센티미터 규모의 완만한 경사로 만들었어. 물고기길 주변에 원호형 조망

물고기길이란

댐이나 보 등이 알을 낳기 위해 바다나 하류에서 하천으로 거슬러 올라오는 물고기의 진로를 방해하지 않도록 만든 길이야. 강을 거슬러 올라와 알을 낳는 물고기들에게는 더할 나위 없이 소중한 길이야.

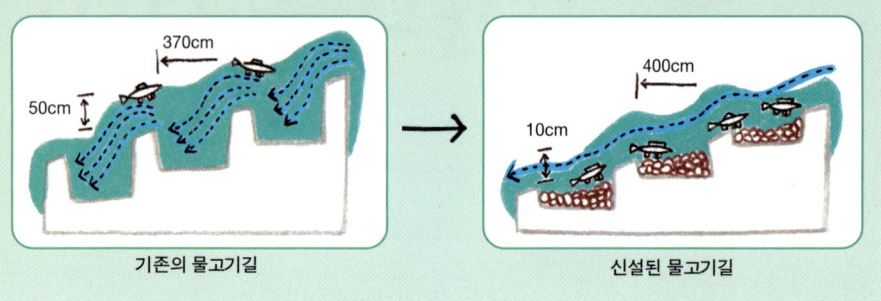

기존의 물고기길 → 신설된 물고기길

대, 물고기 조각공원, 수중 생태관찰경과 물길을 거슬러 올라가는 물고기를 구경할 수 있는 '관찰터'도 마련했어.

1986년 한강종합개발 당시 만들어진 잠실수중보 물고기길은 강 중간에 있어 입구를 찾기 어려울 뿐만 아니라 수중보의 높이(3m)에 비해 길이(28m)가 짧고 계단 높이가 50센티미터로 경사(1/10)도 급한 데다 물의 속도마저 빨라서 작은 물고기들은 오르기 힘들었거든. 때문에 한강에 서식하는 57종의 어류 중 철갑상어, 웅어, 꺽정이 등 11종(하류 서식)과 납자루, 두우쟁이, 버들매치, 참마자 등 11종(상류 서식)이 상하류 간 이동을 못하는 등 생태계가 불안정해졌어. 그래서 새로 물고기길을 만들어 생태계를 보존할 수 있는 길을 마련한 거야. 한강 하류의 물고기들이 한강을 거슬러 올라와 비교적 환경이 좋은 상류에서 산란할 수 있게 된 거지. 한강에서 사는 많은 물고기와 생물들이 자유롭게 한강을 오가며 살 수 있었으면 좋겠어.

우리가 만들었어요!

6학년 5반은 1부 〈옛날 옛날에 한강은〉과
3부 〈열린 우리 한강 이야기〉를 만들었어요.

강민주, 구본승, 곽희준, 김서영, 김승리, 김연서, 김예슬, 김윤지, 김은지, 김재서, 김준희, 김진영, 김헌영, 류재영, 문중현, 박선의, 박수빈, 박시은, 박종철, 백증흔, 원동욱, 유병훈, 유승헌, 이해성, 전형제, 조성환, 주예은, 한웅빈

4학년 4반은 2부 〈한강에서 놀자〉와 워크북을 만들었어요.

공강혁, 김동환, 김민경, 김민선, 김상록, 김수현, 김은아, 김한솔, 김회찬, 문리주, 박민재, 박정재, 박정은, 박정현, 박혜원, 신지원, 유은서, 윤원호, 이규호, 이연영, 이예원, 이주미, 이주호, 이푸름, 이한규, 정동욱, 조양호, 주예은, 진주완, 황승범

〈한강 프로젝트〉 수업은 2007년 서울시교육청 교육방법혁신 연구사례로 기획, 1년에 걸쳐 운영되었습니다. 그리고 그 결과를 어린이들과 함께 책으로 만들었습니다. 또한,

서울 당산 초등학교 김정미, 진순희 선생님 서울 영등포 초등학교 강영숙 선생님 서울 사당초등학교 송승현 교장 선생님 서울 삼정초등학교 송정기 교장 선생님 서울교대 남호엽 선생님 제주대 류현종 선생님 국립중앙박물관 허명회 선생님 민주화운동기념사업회 최지윤 홍규호 선생님 서울 창신초등학교 강선영 선생님 비폭력평화물결 이시우 선생님, 성공회대 박성준 선생님 서울 당산초등학교 학부모님들의 도움으로 만들었습니다.

서울 교과서 한강

서울 당산초등학교 어린이들·배성호·박형근 글 | 채원경 그림

1판 1쇄 발행 2008년 10월 30일
2판 1쇄 발행 2009년 8월 10일

발행인 서경석 | 편집인 김민정

ⓒ 배성호·박형근, 2008

발행처 청어람주니어 | 출판등록 제313-2009-68호
서울시 마포구 성산동 254-10 202호
전화 02-323-8225, 6 | 전송 02-323-8227
전자우편 junior@chungeoram.com

이 책의 내용을 쓰려면 저작권자와 청어람주니어의 허락을 받아야 합니다.

ISBN 978-89-93912-11-1 73900

《서울 교과서 – 한강》 워크북

한강에서 놀자

月 계획을 세워 봐요! PLAN

1.	전통연 만들기 교실	선유도공원강당(만들기), 선유교 및 전망데크(날리기) 수상관광과(3780-0762)
2.		
3.		
4.	유채꽃 축제	반포 한강공원 서래섬 수상관광과(3780-0762)
5.		
6.	추억의 밀서리 체험	반포 한강공원 반포대교 상류 우리밀밭 녹지과 (3780-0865)

7.	한여름밤 좋은 영화 감상회	뚝섬, 여의도 한강공원 서울영상위원회(777-7092)
8.	한강사랑 레포츠 페스티벌	선유도공원 강당(만들기), 선유교 및 전망데크(날리기) 수상관광과(3780-0762)
9.	어린이 한강 그림 그리기 대회	여의도 한강공원(변동 가능) 수상관광과(3780-0762)
10.		
11.		
12.		

특별한 나의 하루
선유도공원

● 준비 땅! 선유도공원에서 뭘 할까?

너랑 나랑 또 누구랑?	
뭘 준비해야 해?	
뭘 해야 좋을까?	

선유도공원 가는 길

버스 타고 갈까?
- 양평동 한신아파트 : 604, 605, 5512, 6514, 6623, 6631, 6632, 6633, 6712, 9707번 버스.
- 합정역 : 2711, 570, 602, 603, 604, 5712, 5714, 6712, 7011, 7012, 7013, 7612번 버스.
- 선유도 공원 정문 : 5714번 버스.

지하철 타고 갈까?
- 2호선 당산역 1번 출구 : 당산 지하차도를 이용하면 돼.
- 2, 6호선 합정역 8번 출구로 나와 25분 정도 걸어가면 선유교가 나와.

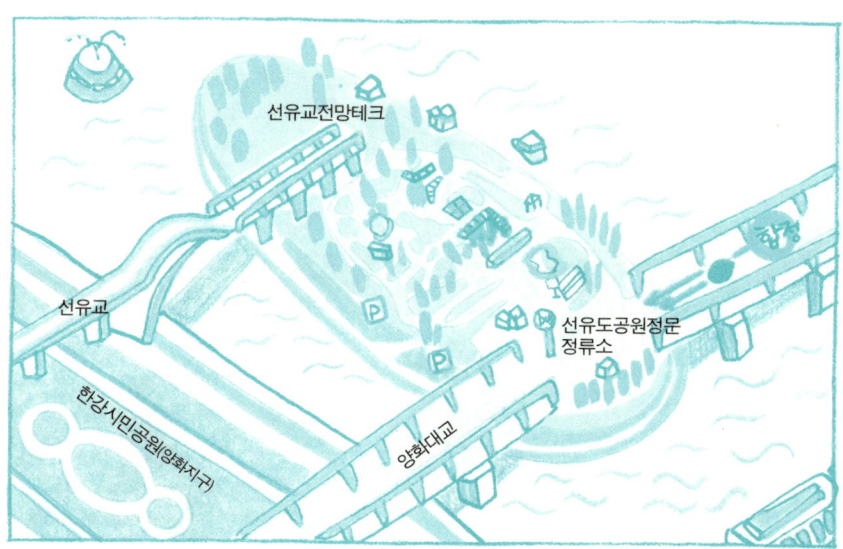

● 나만의 선유도, 나만의 지도

수질정화원, 환경물놀이터, 수생식물원, 시간의 정원, 온실, 한강 전시관, 4개의 원형 공간, 선유교, 선유정……

● 선유도공원으로 출발!

시간의 정원

(시간의 정원을 그림지도로 그려 봐.)

시간의 정원에는 여러 시간들이 머물러 있어. 어디 한번 찾아볼까?

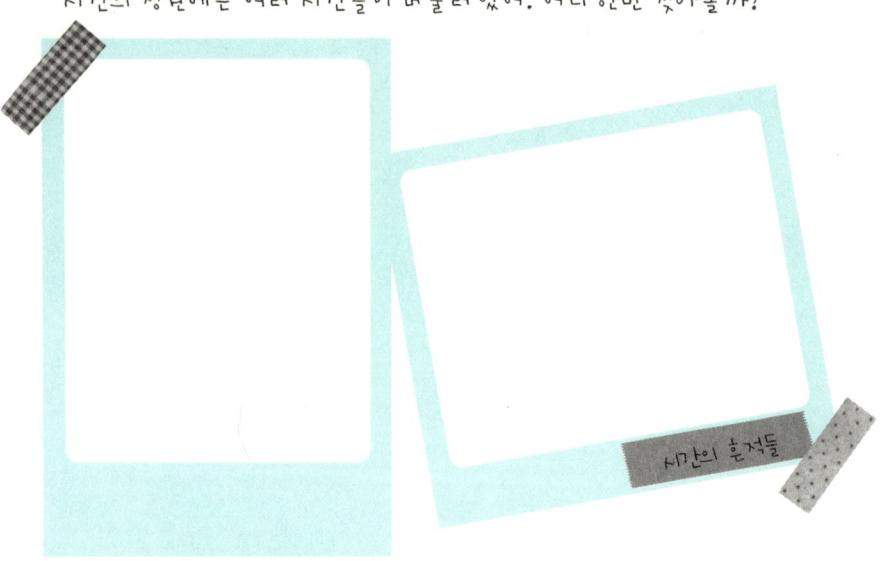

시간의 흔적들

지금 이 순간도 곧 흘러 흘러 가겠지? 이 순간을 글로 표현해 봐

고요의 정원, 녹색기둥의 정원

(시간이 흘러 얼룩져 더러워지고, 기둥의 일부가 떨어져 나가 울퉁불퉁해진 기둥을 보고 시를 지어 봐. 그림도 그려 볼까?)

선유도를 풀다

1. 다음 중 선유도에 없는 시설은 무엇일까?
   (1) 수생식물원
   (2) 온실
   (3) 비행장
   (4) 자연생태연못

2. 다음 중 선유도공원에서 하면 안되는 일을 한 친구는?
   (1) 현수는 선유도공원에 인라인 스케이트를 타고 갔다.
   (2) 민이는 선유도공원에 가서 쓰레기를 버렸다.
   (3) 수민이는 선유도공원에서 사진을 찍었다.
   (4) 현이는 선유도공원에서 조용히 걸으며 정원을 구경했다.

3. 다음 칸을 채워 봐.
   선유도는 시간의 □□ 등 많은 정원이 있다.

곰곰 고민거리!

1. 자정작용이란 무슨 뜻일까?
2. 자정작용을 하는 수생식물을 조사해 봐.

식물 이름	특징	간단히 그리기

3. 자정작용이 필요한 이유는 무엇일까?

4. 나는 누구일까?

> 1. 나는 물가에 살아.
> 2. 나는 하얀색과 보라색 등이 있어.
> 3. 나는 수생식물이야.
> 4. 나는 연근과 관련이 있어.

5. 잎은 가늘고 길며, 뿌리줄기는 높이가 1~1.5미터이다. 열매 이삭은 긴 타원형으로 붉은 갈색이다. 개울가나 연못가에서 저절로 난다.

선유도의 행사와 축제

● 선유도공원에서 놀자

환경놀이마당에는 원형 건물과 철제 다리, 녹슨 송수관을 재활용하여 만든 미끄럼틀과 터널, 암벽 타기 등의 놀이 기구가 있어. 어디 한번 신나게 놀아 볼까?

♪ 이렇게 놀아요! 친구들과 숨바꼭질하기, 모래성 만들기, 미끄럼 타고 내려와 철봉에 매달리기, 다리 위에 앉아 친구들과 김밥 나누어 먹기.

자, 이제 친구들과 함께 환경 놀이마당에 가서 재활용품을 이용해 뭔가 만들어 볼까?

제로	
만들고 싶은 재활용품 구상	

추억이 방울방울

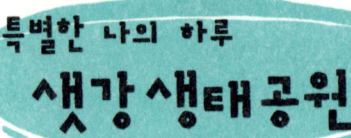

특별한 나의 하루
샛강생태공원

● 준비 땅! 선유도공원에서 뭘 할까?

너랑 나랑 또 누구랑?	
뭘 준비해야 해?	
뭘 해야 좋을까?	

샛강생태공원 가는 길

버스 타고 갈까?
- 여의나루역 2번 출구 (20m) : 261, 362, 753, 5534, 5615, 5618, 5633, 5713, 6633, 7611, 7613, 1008, 순환버스 61번 버스.
- 여의나루역 1번 출구 (10m) : 261, 360, 461, 753, 5534, 5633, 5713, 6630, 6623, 7611, 9409번 버스.

지하철 타고 갈까?
- 지하철 5호선 여의나루역 2, 3번 출구

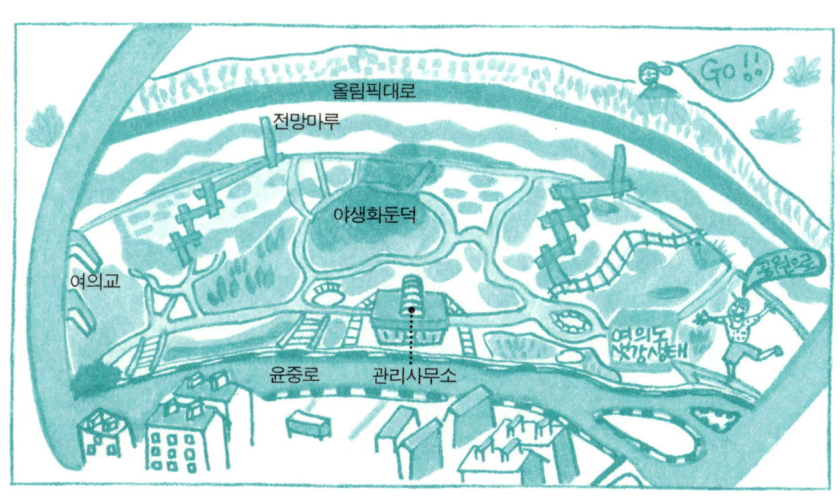

● 나만의 샛강생태공원, 나만의 지도

계단식 폭포, 자전거 도로 및 산책로, 전망 마루, 연못(생태 연못, 여의 못), 야생화 둔덕(버들 숲, 물억새, 갈대밭)

● 샛강생태공원으로 출발!

샛강생태공원을 풀다

1. 옛날 여의도 샛강생태공원은 어떻게 생겼을까?

(1) 모래섬으로 되어 있었다.

(2) 나무로 뒤덮여 있었다.

(3) 온통 쓰레기 밭이었다.

(4) 사람들이 많이 오고 가던 곳이다.

(5) 언덕으로 이루어져 있었다.

2. 보기를 보고 알맞은 답을 써 봐.

〈보기〉
1. 부들
2. 벨로루시 세계 댄스
3. 참개구리
4. 메뚜기
5. 물옥잠
6. 한강 물축구 대회

(1) 보기 중 여의도 샛강생태공원에서 사는 동물은?

(2) 보기 중 여의도 샛강생태공원에서 하는 축제는?

(3) 보기 중 여의도 샛강생태공원에서 자라는 식물은?

곰곰 고민거리!

1. 샛강생태공원에 살고 있는 식물을 조사해 볼까?

2. 생태공원에 식물들이 살지 않는다면 어떻게 될까?

식물도 저마다 사는 곳이 달라

햇빛을 좋아하는 식물, 그늘을 좋아하는 식물, 축축한 곳을 좋아하는 식물들이 함께 모여 정답게 살아가고 있어. 어떻게 그럴 수 있을까?
생태공원에는 밝은 곳과 그늘진 곳이 있고, 수로가 흐르는 담 쪽에는 축축한 습지가, 지붕 없이 탁 트인 곳에는 햇빛이 잘 드는 양지가 있기 때문이야. 저마다 사는 곳이 다른 식물들을 찾아 봐.

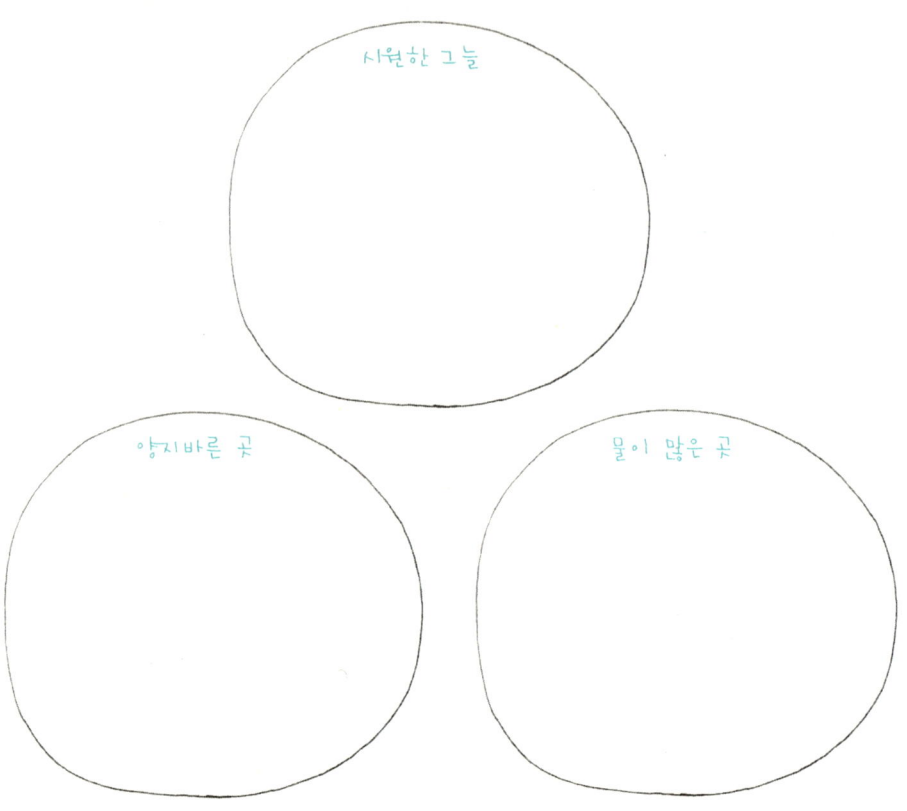

여의도 샛강생태공원의 축제
hangang.seoul.go.kr

● 샛강생태공원에서 놀자

이름이 필요해
이름 없는 풀꽃들이 있다면 이름을 지어 줘.

추억이 방울방울

특별한 나의 하루
월드컵공원

● 준비 땅! 월드컵공원에서 뭘 할까?

너랑 나랑 또 누구랑?	
뭘 준비해야 해?	
뭘 해야 좋을까?	

월드컵공원 가는 길

버스 타고 갈까?
- 월드컵 경기장 남측, 월드컵 경기장, 자동차 검사소 : 171, 271, 571, 7011, 7013, 7714, 7715, 마을 버스 (마포 08)

지하철 타고 갈까?
- 지하철 6호선 월드컵경기장역 1번 출구

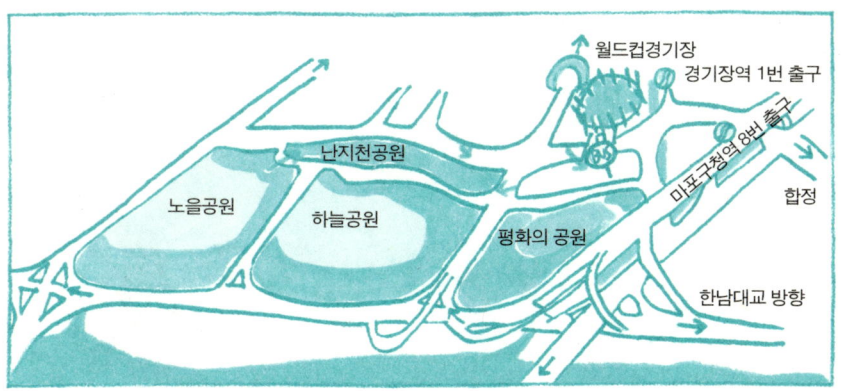

● 나만의 월드컵공원, 나만의 지도

평화의 정원, 희망의 숲, 월드컵공원전시관, 하늘공원, 노을
공원, 야생화단지, 난지천공원, 난지한강공원……

● 월드컵공원으로 출발!

평화의 공원

평화가 뭘까? 마음에 떠오르는 걸 그려 봐.

하늘공원

하늘공원에 설치된 5개의 바람개비가 어떤 용도로 쓰이는지 그 모습과 내용을 적어 볼까?

바람개비 그리기 (보이는 대로)	바람개비의 용도는?

월드컵공원을 풀다.

1. 하늘공원은 난초와 지초가 자라고, 철따라 온갖 꽃이 피어 있어서 □□ 이라 불리기도 했다.

2. 다음 중 하늘공원에 대한 설명으로 옳지 않은 것은?
(1) 오리가 물에 떠 있는 모습과 비슷하게 생겨서 '오리섬' 또는 '압도'라 불리기도 했다.
(2) 난지도는 한강에서 갈라진 난지샛강이 행주산성 쪽에서 합쳐지면서 생긴 땅이다.
(3) 평화의 공원 안에는 월드컵공원 전시관이 있다.
(4) 하늘공원은 월드컵공원 중 땅과 가장 가까운 곳에 위치해 있다.

● 월드컵공원에서 놀자

하늘공원에는 월드컵공원 전시관이 있어. 18세기 한강 속의 난지도, 과거에서 오늘까지의 난지도, 난지도의 식물과 동물, 난지도의 생태에 대한 다양한 것들이 전시되어 있지. 그럼 전시관을 둘러 볼까?

♪ 이렇게 구경해! 월드컵공원 축소모형 및 환경체험 난지도 월드컵공원 및 생태관련 동영상 관람

하늘공원에서 쓰레기산의 흔적을 찾아볼까?

추억이 방울방울

특별한 나의 하루
뚝섬공원과 서울숲

● 준비 땅! 뚝섬공원에서 뭘 할까?

너랑 나랑 또 누구랑?	
뭘 준비해야 해?	
뭘 해야 좋을까?	

뚝섬공원 가는 길

버스 타고 갈까?
- 간선버스(파랑) : 410, 141, 145, 148번 버스.
- 지선버스(초록) : 2014, 2114, 2413, 2224번 버스.
- 맞춤버스 : 8221, 8222번 버스.

지하철 타고 갈까?
- 2호선 뚝섬역 : 8번 출구에서 걸어서 약 15분.
- 2호선 한양대역 : 4번출구 410번, 2014번 시내버스 환승후, 두 정거장
- 1호선 응봉역 : 응봉교(구 성수교) 20분

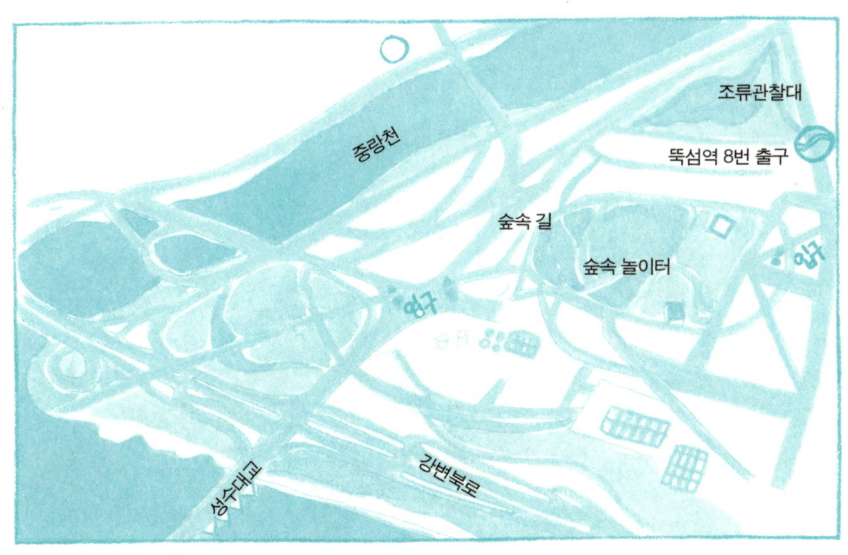

● 나만의 뚝섬, 나만의 지도

뚝섬생태숲(바람의 언덕, 시민의 숲), 서울숲 광장(바닥분수, 거울연못, 산책로), 뚝섬 문화예술공원(연못, 수변 쉼터, 물놀이터, 숲속 놀이터, 숲속의 빈터)……

● 뚝섬공원으로 출발!

뚝섬공원

변화된 모습을 그림이나 글로 표현해 봐.

고려시대	
조선시대	
근대	
앞으로	

뚝섬에 얽힌 이야기를 뚝섬에서 친구들과 말해 봐.

서울숲 만들기

서울숲은 문화예술공원, 생태공원, 체험학습원으로 다양하게 활용되고 있어. 또 군마상, 나무, 호수 다리에 조명이 설치되어 '빛의 향연'으로 축제가 벌어지기도 해. 이런 서울숲을 세 가지의 테마로 나누어 얘기해 볼까?

뚝섬, 서울숲을 풀다

1. 생태숲에 살고 있는 동물을 세 가지 이상 쓰고, 그 특징을 적어 봐.

2. 물놀이터에서 친구들과 할 수 있는 놀이가 뭐가 있을까?

3 뚝섬에 얽힌 이야기가 아닌 것은?

(1) 여름철 피서를 떠날 수 없던 서울 시민들이 즐겨 물놀이를 했던 곳이다.

(2) 조선시대 강북에서 충북 지방과 경상도 지방으로 오가던 길이다.

(3) 강 상류에서 올라오는 물물교환 장소에 수세소를 설치했다.

(4) 조선 후기 강원도에서 오는 목재가 도착하면 나라에서 관리를 파견해 세금을 징수하기도했다.

● 서울숲에서 놀자

곤충식물원에서 여러 동식물을 관찰해 볼까?

관찰 일기

관찰 일시	날씨
관찰 순서	

생김새	특징	적합한 환경	느낀점

● 준비 땅! 뚝섬공원에서 뭘 할까?

너랑 나랑 또 누구랑?	
뭘 준비해야 해?	
뭘 해야 좋을까?	

청계천 가는 길

버스 타고 갈까?
- 서울신문사 : 0014, 0015, 01, 109, 150, 162, 1711, 402, 402(심야), 501, 506, 7016, 7017, 7021, 708번 버스.
- 교보빌딩 : 0212, 1012, 1020, 7016, 708, 9704번 버스.
- 무교동 : 0212, 1011, 708, 01, 100번 버스.
- 광교 : 1011, 7018, 163, 202번 버스.
- 청계2가 : 01, 1011, 163, 202번 버스.
- 청계4가(세운상가) : 04, 1011, 163, 202번 버스.
- 청계5가 : 01, 163, 202번 버스.
- 평화시장 : 01, 163, 202번 버스.
- 동대문 시장(청계6가) : 04, 163, 202번 버스.

지하철 타고 갈까?
- 2호선 뚝섬역 : 8번 출구에서 걸어서 15분 정도.
- 2호선 한양대역 : 4번출구 410번, 2014번 시내버스 환승 후 두 정거장.
- 1호선 응봉역 : 응봉교(구 성수교) 20분

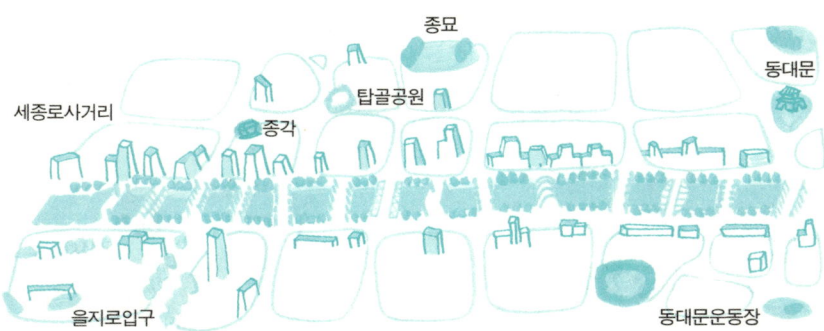

● 나만의 청계천, 나만의 지도

모전교, 광통교, 광교, 장통교, 삼일교, 수표교, 관수교, 세운교, 배오개다리, 새벽다리, 마전교, 나래교, 버들다리, 오간수교, 청계광장, 팔석담, 정조반차도, 수표교터, 옥류천, 패션광장, 오간수 문터.

● 청계천으로 출발!

47년간 묻혀 있던 청계천이 복원 공사를 통해 2005년에 새롭게 태어났어. 예전의 모습, 그리고 지금의 모습을 그려 보고 내가 만약 청계천을 꾸몄다면 어떤 모습일지 한번 그려 봐.

옛 청계천

지금 청계천

나의 청계천

청계천을 방문한 외국인들에게 청계천을 소개해 볼까?

1. 청계천 곳곳의 좋은 명소를 조사해 봐.

2. 각 명소의 특징을 조사해 봐.

3. 청계천을 방문한 외국인에게 가이드가 돼 어떻게 설명해 주어야 하는지 미니 가이드 북을 만들어 볼까? 지도나 사진 등을 이용해도 좋아.

청계천을 풀다

1. 청계천에서 볼 수 있는 다리가 아닌 것은?
   (1) 모전교
   (2) 버들다리
   (3) 광통교
   (4) 원효대교

2. 버드나무와 갯버들, 꽃창포 등 각종 수생식물의 서식공간. 청계천에서 가장 자연적, 생태적 공간으로 불리는 곳은?

3. 청계천은 도로 아래 (   )년간 묻혀 있다가 (   )를 통해 새롭게 태어났다.

● 청계천에서 놀자

친구와 함께 물장구를 치며 신나게 놀아 볼까?

♪ 이렇게 놀아! 징검다리 건너기, 친구와 달리기 시합

청계천 신문 기사 쓰기

(사진도 많이 찍고, 친구들과 재밌게 놀았어? 그럼 이제 청계천 신문을 만들어 볼까? 가장 인상적인 사건을 중심으로 신문 기사를 작성하면 돼.)

추억이 방울방울

특별한 나의 하루
암사동 선사주거지

● 준비 땅! 암사동선사주거지에서 뭘 할까?

너랑 나랑 또 누구랑?	
뭘 준비해야 해?	
뭘 해야 좋을까?	

암사동 선사주거지 가는 길

버스 타고 갈까?
-삼성 광나루 아파트 정류장에서 선사주거지 방향으로 걸어서 10분: 340, 341번 버스.

지하철 타고 갈까?
-8호선 암사역 4번 출구: 선사주거지 방향으로 걸어서 15분.

● 나만의 암사동 선사주거지, 나만의 지도

움집터, 제1전시관, 제2전시관

● 암사동 선사주거지로 출발!

움집 생활을 만화로 그려 볼까?

암사동 선사주거지를 풀다

1. 백제 시대 수도였던 위례성이 있던 곳으로 '곰마을(큰마음)'이 '곰마을' 즉 □□이라 불리게 되었다.

2. 암사동 선사주거지를 대표하는 유물로 문양을 낸 생선 뼈나 동물 뼈를 이용해. 이것은 무엇일까?

곰곰 고민거리!

1. 암사동 선사주거지가 한강 주변을 둘러싸고 형성된 이유는 무엇일까?

2. 각 지역의 신석기 문화의 특징을 간단히 적어 볼까?

남부지역의 신석기 문화	
동북지역의 신석기 문화	
동해 중부지역의 신석기 문화	
동아시아의 신석기 문화	

3. 움집 체험을 하고 느낀 점을 간단히 적어 볼까?

● 암사동 선사주거지에서 놀자

제2전시관에 준비되어 있는 체험 코너를 통해 퍼즐 맞추기와 질감 느끼기, 그리고 탁본 뜨기를 해 볼까?

추억이 방울방울

한강에서 사진 찍기

한강에는 볼거리가 많이 있어. 자, 그럼 한강에서 사진을 찍어 볼까?

● 사진을 찍기 전에!
　① 무엇을 찍을 것인가 주제와 동시에 구도를 잡아.
　② 원근을 고려해 촬영 위치를 정해.
　④ 플래시의 사용 여부도 결정해야겠지?
　⑤ 하나, 둘, 셋 하고 찍기보다는 긴장을 풀어 주고
　셔터는 힘을 주어 누르지 않도록 해.

안녕, 한강

한강에서 만난 동식물에게 편지를 써 봐.

선유도를 풀다

1. ③
2. ②
4. 정원

곰곰 고민거리

1. 오염된 물이나 땅 따위가 저절로 깨끗해지는 작용
2. 물옥잠, 붕어마름, 검정말이 등
3. 물속의 산소의 양이 불충분할 경우 혐기성 세균(산소를 이용하지 않고 유기물을 분해하는 세균)에 의하여 황화수소, 메탄, 암모니아 등 썩는 냄새와 함께 악취를 풍기는 물질이 생기게 되기 때문이다.
4. 부들

샛강생태공원을 풀다

1. ①
2-(1) 참개구리, 메뚜기 ③ ④
2-(2) 한강 물축구 대회 ⑥
2-(3) 부들, 물옥잠 ① ⑤

곰곰 고민거리

1. 미나리, 물옥잠, 부들 등

월드컵공원을 풀다

1. 꽃섬
2. ④

뚝섬, 서울숲을 풀다
1. 고라니, 꽃사슴, 청둥오리
3. ③

청계천을 풀다
1. ④
2. 버들습지
3. 47, 복원공사

암사동 선사 주거지를 풀다
1. 몽촌
2. 빗살무늬토기

곰곰 고민거리
1. 신석기 시대 사람들은 농사를 짓거나 가축을 기르지 않았기 때문에 물고기나 조개류와 같은 식량을 쉽게 구할 수 있는 곳에 터를 잡아야 했기 때문에.
2. 남부지역: 해안가 주변에 발달되었고, 조개더미유적이 많이 나타났다. 덧무늬토기가 거의 모든 유적에서 출토되고 있다.
   동북지역: 주술, 신앙적 의미가 담긴 동물 및 인물상이 포함된 토골제의 조각품이 많이 출토되고 있다.
   동해 중부지역: 동북지역, 중서부지역 및 남부지역과의 관계 속에서 신석기 문화가 형성되었다.
   동아시아지역-우리나라와 일본, 중국의 신석기 문화를 알 수 있다.

서울 교과서

한강

서울 당산초등학교 어린이들·배성호·박형근 글 | 채원경 그림

1판 1쇄 발행 2008년 10월 30일
2판 1쇄 발행 2008년 8월 10일

발행인 서경석 | 편집인 김민정

ⓒ 배성호·박형근, 2008

발행처 청어람주니어 | 출판등록 제313-2009-68호
서울시 마포구 성산동 254-10 202호
전화 02-323-8225, 6 | 전송 02-323-8227
전자우편 junior@chungeoram.com

이 책의 내용을 쓰려면 저작권자와 청어람주니어의 허락을 받아야 합니다.

ISBN 978-89-93912-11-1 73900